教行信証の道標

Ⅰ

（教行の部）

藤谷秀道

白馬社

昭和49年頃の著者

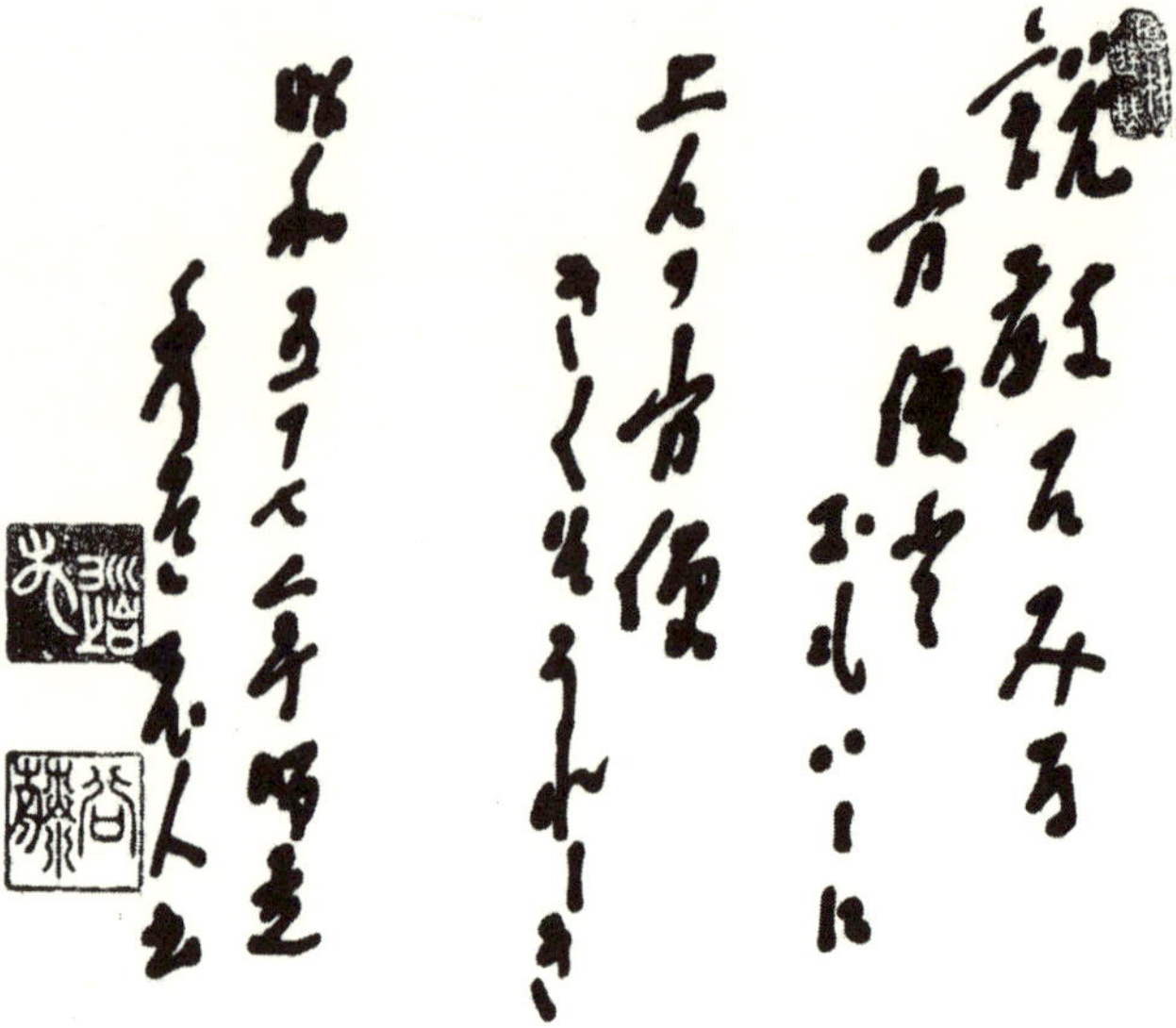

説教はみな
方便と
おもいしに
上々の方便
きくそうれしき

教行信証の道標　Ⅰ（教行の部）目次

教行信証の道標　Ⅰ（教行の部）

1　幼心にうつるもの

数坊《かずぼう》注1がその幼年時代を過ごしたのは、日本海に面する、山陰の津摩《つま》という漁村であった。それは彼が生まれた寺には、七人の兄弟が年子のように生まれて、母に乳がなかったので、一里ほど離れた門徒の乳母の家に、あずけられたからである。

その乳母の義父にあたる源吾爺は、ほんとに無我な信者であった。眼に一丁字《いっていじ》なき爺が朝夕の勤行《ごんぎょう》に拝読《はいどく》する聖人一流章《しょうにんいちりゅう》、末代無智章《まつだいむち》、信心獲得章《しんじんぎゃくとく》の御文《おふみ》は、宙に暗記していた。数坊はその勤行の時には、いつでもお内仏の前に座らせられた。離乳期となっても爺は、数坊を寺に帰そうとはせなかった。その上、寺からもってくる養育費も、彼は一度も受け取らなかった。ただ、爺の望みは、数坊が大きくなって、ありがたい説教を聞かしてもらうようになることのみが、彼の願望であった。源吾爺は九十八歳まで長命したが、晩年になればなるほど彼の信心は円熟して近所の誰もが皆、仏様のような人だと噂しあっていた。

また、津摩という漁村が信心深い土地であった。村の専称寺という寺で説教のある時など、村をあげて参詣した。海岸通りに見える三丁ばかりの寺までの道は、善男善女の村人で、陸続として続いた。蟻子《ありご》の寺参りという、土地の方言がよく形容しておった。

鶴次《つるじ》という若者がいた。いつも源吾爺の所に来てよく話しておった。悪意のない生一本《きいっぽん》の男であったが、女のことからまちがいを起こして、その女性を殺して逃亡して行方をくらました。信心深い村においては、前代未聞のことであった。

ある夜、深更《しんこう》となってから源吾爺の裏木戸から低い世間をはばかるような声で、

「おっさん、おっさん」

と呼ぶものがあった。鶴次青年であった。身の振り方を相談しようと思ったのであろうが、もうその時は警察の手が回っていて寄りつくことができなかったので、寒中であったが、そのまま海に飛び込んで専称寺の下の崖のある浜辺に泳ぎついて、折井の銅山の廃坑に隠れていたが、ついに捕縛せられて、北海道で終身刑に服して、とうとう炭坑で死んだが、後から送ってきた遺品の中に挿絵《さしえ》入りの『往生要集《おうじょうようしゅう》』があった。そのことは数坊の幼心を強く打って、どうしてもこの鶴次青年のことは、いつまでもいつまでも忘れることができなかった。

数坊の年下に清之丞《きよのじょう》という子どもがいた。清之丞は、数坊の行く所へはいつもついて来

た。浜辺の岩に掘れている洗面器大の穴に海水を入れて「ゴリ」という小魚を捕えては、二人はいつまでもよく遊んだ。

そういう信心深い土地であったため数坊は村人から特別扱いにされて、どんな我儘《わがまま》でも通された。それをまた当然のこととして考えていた。

学齢期となって数坊は、長浜の寺へ連れ戻された。一里ほどの距離ではあるが、津摩と長浜は環境がころっと違っていた。長浜では説教のある時にも寺参りをする人はほとんどなかった。集まるのは津摩や大谷や西村の人々ばかりであった。従って寺に対する村人の考えも全然違っていた。

その時は、数坊の父は九州の中津の布教先で急死して、義祖父が再度の住職をしていた。癇癖《かんぺき》の強い人で、自分の実子もなかったので、我儘いっぱいで育った数坊はしばしば強く叱責《しっせき》せられた。また時には殴打せらるることも一再《いっさい》ではなかった。なんで、そんなに叱られるのか、わからなかった。

数坊は小学校入学を境として生活が激変して、その性格に暗い陰をもつようになった。そんな時、彼は何度も何度も長浜の寺を逃げて、源吾爺のいる津摩へ帰ろうかと思った。

その癇癖の強い祖父も、六十の齢を越すと、お聖教《しょうぎょう》に親しむようになった。降る日も照る日も、よく読書した。若い時に囲碁などに耽《ふけ》らずに、お聖教を読む癖をつけておけばよかったのに惜しいことをした、と述懐することもあった。すると祖父の性格は、別人のように変わってきた。そしていつもお念仏を口に絶やさぬようになった。

それを側で見ていた彼は、仏法《ぶっぽう》とはこんなに人間の心を変えるものかと驚異の眼を見張るようになった。

源吾爺と清之丞、鶴治青年と祖父、この四人は、数坊の幼心に深く泌《し》みついた。相対立《あいたいりつ》する人間像であったが、それが皆共に仏法に入っている。その仏法に入った相《すがた》を見ると、もはや対立はなくなって、ただ尊さのみが残っている。何のためにそうなるかは長い間わからなかったが、この幼心に受けた印象の謎を解くことが、彼の一生の課題であり、それが仏法であり、それが親鸞聖人《しんらんしょうにん》の『教行信証《きょうぎょうしんしょう》』であるということは、不惑《ふわく》の年を越えるようになってようやくわかるようになったのである。

注1　筆者のこと。ここでは筆者自身を第三人称で表現している。

2　友の死に遇うて

昭和三十九年の秋、大阪の病院で療養生活をしていた友が危篤《きとく》であるという知らせを受けました。かけつけましたところ、友は重病の中から、『教行信証』の総序《そうじょ》の御文《ごもん》を、いっしょに音読してくれとのことでありました。その中途まで読みましたが、最後まで続けることができませんでした。

十月の初め、友はついに不帰《ふき》の客となりましたが、そのことがその後いつまでも、心の底にこびりついて、忘れることができません。そのことが御縁となりまして、昭和四十年の五月、芦屋《あしや》の如来寺《にょらいじ》と、同年の十一月から十二月にかけて、福岡県の大牟田《おおむた》と熊本県の荒尾両市で、『教行信証』を話してみたのであります。

この書はその時の講演筆記をあとで加筆したものであります。

3　矛盾の人生

　大阪の病院で療養生活を長くしていられた友人の所へ見舞いに参りました時に、『教行信証』の総序を自分といっしょに読んでくれよと頼まれまして、重病であったため、その最後まで読み終えることができなかったことが、私の心の底にいつまでもこびりついておりました。そのことが御縁となりまして、今回、この芦屋の如来寺において『教行信証』の総序を話してみようと思い立ったのであります。

　これは今日お集まりの皆さんにも、また、亡くなられた法友にも、私のささやかな領解《りょうげ》を聞いていただきたいという念願であります。

「初発心時便成正覚《しょほっしんじべんじょうしょうがく》」ということがあります。思い立った時に、すでに覚《さと》りはあるということでありますから、思い立つということは大切なことで、平素何の気もなしに読み過ごしておりましたことが、いまさらのように、気づかしていただいて、今初めて読ましていただいたような感激を覚ゆるところもずいぶんあるのであります。今回は、そういう点を心におきまして、お話ししてみたいと思うのであります。

　その第一に気づきましたことは、『教行信証』の総序は、常に相反するものが、いつも一対になって書いてあることであります。しかも、その正反対のものでありつつ、そこには何ともいえぬ調和の響きをもっていることであります。

「難思《なんじ》の弘誓《ぐぜい》」と「難度海《なんどかい》」、「無碍《むげ》の光明《こうみょう》」と「無明《むみょう》の闇《あん》」、「調達《じょうだつ》」と「釈迦《しゃか》」、「阿闍《あじゃ》世《せ》」と「韋提希《いだいけ》」、このようにぜんぜん正反対の相反するものをあげつつ、「難思の弘誓は難度海を度《ど》する大船《だいせん》、無碍の光明は無明の闇を破する慧日《えにち》なり」と、一句の言葉となっておると、何等の矛盾を感ずることなく、矛盾を越えて、何ともいえぬ調和の響きを出している。

　そのことが最極端に出ておるのが総序の終わりの方にある「聞思《もんし》して遅慮《ちりょ》すること莫《なか》れ」という言葉である。「聞思」と「遅慮すること莫《なか》れ」とは正反対である。正反対でありつつ一句の語となっていると、少しも矛盾を感ぜぬほどに調和している。

『教行信証』の総序は、全く反対の一致ということで貫いてある。西田哲学の逆対応（絶対矛盾の自己同一）である。

　これは一体、どういうことであろうかと、いまさらのように気づいたのであります。

この反対の一致、矛盾せるものが矛盾せるまま、一大調和の響きを出して、おちつきの世界を現出するもの、それが仏教の真髄で、それが浄土真宗で、それが一つの言葉となったのが南無阿弥陀仏であったと、気づいたのであります。

人間のもつ智慧は分別智《ふんべっち》といわれるものでありますから、分別し分析してからでないと考えられぬ。それで、一部分ずつしか考えられないし、また分別も自己を中心として分別するから、物の全体を見ることができずして、公平な判断が下せないのであります。

それで、人間の分別智は必ず対立する。賢は愚と対立する、善は悪と対立する、有碍《うげ》は無碍《むげ》と対立する。対立すれば、必ず闘争を起こす。闘争は苦悩を伴う。その苦悩を正観することができぬゆえ、当然そこに、祟《たた》りとか罰とかを考え出して迷信に陥るよりほかに道がない。これが現代といわるるものの相である。

それで、難度海といえば、苦悩の人生しか見えないし、難思の弘誓といえば、難度海を離れた理想の世界しかよう考えない。それで、難度海に苦悩するものは、難思の弘誓のあることに気づかないし、理想の世界を求めるものは、空想の世界に走って実人生を逃避しようとする。

結局人間が分別智に立つ以上は、人生に苦悩するものも、人生を逃避して空想の世界に走るものも、遂《つい》には迷信邪教《めいしんじゃきょう》に陥るよりほかに道がないのであります。これは現在の社会を見れば明らかなことであります。

仏教の説くところは無分別智《むふんべっち》の世界で、難思の弘誓と難度海を分けてみない。無明の闇は必ず明と無明の闇を分けてみない。難度海は必ず難思の弘誓に連なっている。無明の闇は必ず無碍の光明に連なっている。従って、難思の弘誓は難度海を包んでいる。無碍の光明は無明《むみょう》の闇を包んでいる。それを真如《しんにょ》といい、実相《じっそう》という。決して現実を離れた理想の世界をさしておるのではないのであります。一如《いちにょ》は本能にして理想に非《あら》ず、というた先覚《せんがく》もある。この点に気づかないために、いつまでたっても真実の救いを見出すことができぬのであります。

難度海のみに立脚すれば、享楽《きょうらく》に麻痺するようになるし、難思の弘誓も理想化すれば、空想に陶酔した辺地懈慢界《へんじけまんがい》となる。難度海も辺地懈慢界も人間を束縛することは同じことである。鉄の鎖に縛られるも、金の鎖に縛られるも、縛られていることは同じことである。それで実人生にも困るが、法を求めてもやはり困る。そのために信心が人間を縛りつけ、お念仏が人間を縛りつけて、何か窮屈なものになるのであります。

世界の実相はそうではなくて、難度海と難思の弘誓は連なっている。それで、難思の弘誓は難度海を包んでいる、その本能に気づくのであります。それゆえに、これを一如という。相反する二つのものが一つになっている。それが真実如常《しんじつにょじょう》の真如であります。人間の分別智で考えた真如ではない。そういう真如一実《いちじつ》の世界を、誰にもすぐ知らせたいということが、南無阿弥陀仏という声となったのであります。

それでありますから、南無と阿弥陀仏とは、離れていない。難度海と難思の弘誓が連なっている世界、それが南無阿弥陀仏。それを離して考えようとするから、南無阿弥陀仏というても、こころはただの阿弥陀仏で、仏の名前にすぎぬこととなる。そのため南無薬師如来や南無大日如来と、南無阿弥陀仏とが一つとなってしまって、本師法王《ほんじほうおう》の資格を失って、諸仏の位におちてしまうのであります。

また信心と念仏、すなわち信《しん》と行《ぎょう》とが別々のものとなるのも、人間の分別智から考えるからであります。分別智から考えた念仏は、諸善万行《しょぜんまんぎょう》の中の一つの少善根《しょうぜんこん》となり下がって大行《だいぎょう》の資格を失います。また信心も自利各別《じりかくべつ》の信心に下落して、大信《だいしん》の資格を失います。同じように、人生の難度海から遊離した無関係の浄土なれば、真実報土《ほうど》の資格を失って辺地懈慢界となります。

それを押していきますと、本願をたのむといえば祈願請求の「もちかけだのみ」になり、それを嫌うてまかすといえば放任主義の無帰命《むきみょう》の信心となるのは、皆人間の分別智によって、南無と阿弥陀仏とを切り離して考えるからであります。六字そのものの実体に触れていない観念論や律法主義《りっぽうしゅぎ》から起こってくるのであります。

そうではなくて、南無と阿弥陀仏とは連なっている、一つになっている。すなわちすべての矛盾反対せるものが一つの世界に調和して、一つの妙音を発した相が南無阿弥陀仏でありまず。あまりにも多くの徳が含まれているので、却《かえ》ってわからぬようになったのではないかと思います。

要するに、南無阿弥陀仏を観念化したり律法化したりせずして、南無阿弥陀仏そのものの実体に触れる。そのことを大行と名づけ、大信と名づけられたのであります。

その真実義がわかるのは容易なことではありません。難度海の苦悩も、法を聞きつつも観念化したり律法化したりするのも、皆この真実義を知らせんための方便としてあるのでありまず。「聞思して遅慮するなかれ」とは、その実相に触れて体当たりした感じでありまず。

ここに一人の現代的模範青年がおりました。彼は、自分の職務に忠実であることはもちろんでありますが、他の同僚に対しても親切で、自分のためには汗を流し、人のためには涙を流す態《てい》の青年でありました。似たもの夫婦で、その妻君がまた気立ての優しい婦人でありました。何一つ不足はないのでありますが、人間には万全を期することはできんので、ただ一つの不足は、二人の間に子宝が恵まれていないことでありました。それで近所の養護施設から小学校一年に通う一郎をもらい受けました。

ちょうどその時、同僚の一人が自動車事故で死亡しました。根が親切な男でありますから、遺族として残った年老いた母親と未亡人に、何かと面倒を見てやりました。ところがそこが男女の関係で、越してならぬ一線を越したために、未亡人は妊娠しました。それを苦にして未亡人は男の子を産み落とすなり、産後の肥立ちが悪くて逝ってしまいました。後に残るのは年老いた母親と赤ん坊だけであります。すると、誰が考えても今の青年が引き取って一郎の弟に入籍するより施す手段がありません。それで青年は、家内に詫びて、赤ん坊を家に連れて帰ったのでありますが、そこが女心で、妻君の心は平穏でありません。今まで、波風一つ立たなかった家庭も、このことあって以来不足小言がたえません。困りはててある夜、青年は妻に対して申しました。

「そんなに気に入らぬなら、二郎は金をつけて、どこかにもらってもらおう。そして今までのことはきれいに水に流して、人生の再出発をしようではないか」と相談しておるのを、隣室にいた小学校一年の一郎が立ち聞きをしておった。

翌朝、一郎は母に対して、

「ねえお母さん、昨晩の話に二郎をよそにやろうということでありましたが、お母さん、二郎はお父さんのほんとの実子、私は養護施設からもらわれて来た孤児。お母さん、よそにやるのなら二郎をやらずに私をやってください。私なら今日まで悲しいことも苦しいことも堪えてきましたから、どんな所へやられても辛抱ができます。今二郎をよそにやったら二郎はきっと死にます。お母さんどうかそうしてください」

と言った一言に、妻君ははっと胸を打たれた。

「一郎よく言ってくれた。これはやはりお母さんの身勝手であったことがわかった。いいともいいとも一郎、おまえもどこにもやらん。二郎もまたどこへもやらん。否、一郎、おまえが昨日よそからもらってきた小犬も、どこへもやらずに、みんなお母さんが育てるよ。一郎よく言ってくれた」

と、ここに円満に家庭争議がおさまったという一つの「ドラマ」であります。

これは、あそこにもここにも見る人生の相であります。人間の人生とは、こういう相をしております。

青年の通った過《あやま》ちは、仏法に説く「愛取有《あいしゅう》」の道であります。愛は人間において大切なものでありますが、何か盲目的な相をしております。偏《かたよ》った愛でありますから、愛するものを束縛します。ここに、「有《う》」といわるる迷いが出てきます。

妻君の通った道は、我は善なりと思っても、人間の善なるゆえに、善の中に自我愛《じがあい》があります。自我愛は、行き詰まると自暴自棄《じぼうじき》となります。自暴自棄は忿怒《ふんぬ》を伴《ともな》う。忿怒は放縦《ほうじゅう》となる。放縦になればなるほど、気分はおちつくことができずして、焦燥《しょうそう》となる。ついに人生が闇黒《あんこく》となって最後には破綻《はたん》になるのが落ちであります。これが妻君の通った道であります。

この人生の破綻は実に苦しい、また実に悲しいことであります。しかしこの破綻は、容易ならざる意味をもって出てくるのであります。

一郎は年幼けれども、この破綻から出発しております。人間は、普通ではただ自我を中心としてものを考えます。この考えがついに破綻に導いたのであります。ここで初めて、この苦難の中より、自分だけでない、他人のこともほんとに考える智慧が湧いてきたのであります。この智慧は真実の智慧なるゆえに慈悲《じひ》を伴う。この真実の智慧、慈悲が、行動となってあらわれたのが方便《ほうべん》で、これによって自他一切の救わるる道が開けてくるのであります。一郎のこの一言は、よく家庭全体の苦悩を救う原動力となったのであります。今この青年の通った道も、人生の一つの相であります。また妻君の通った道も人生の一つの場面であります。しかし人間は普通一般は、ただ自分の通った人生に眩惑せられて、あらんかぎりの力を振り絞って迷うている。そのため真実の智慧、慈悲、方便の高い世界に気づかずに困惑しておるのであります。

たまたま理想の世界を求めると、実人生の波瀾《はらん》を逃避せんとします。そのため享楽に耽るものも破綻するし、理想をかかげてみてもまた破綻する。共に実人生の実相がわからんのであります。

そこに人生そのものを問題として、歎《なげ》かざるを得んものが出てくるのであります。ここのところが菩薩《ぼさつ》修行《しゅぎょう》の階梯《かいてい》における七地《しちじ》沈空《ちんくう》の難《なん》で、菩薩は、この難は我が両手をもって大千世界を挙ぐるよりも重しといわれました。

『観経』の韋提希《いだいけ》の歎きもこれであり、阿闍世《あじゃせ》の歎きもこれであります。

この歎きを逃避せんとしたり、ごまかしたりせずに、これを明らかに凝視するのであります。その凝視の極限に、この歎きこそ覚者の、迷いの衆生を歎き給《たま》うと同質のものなることを感得するのであります。

これが仏の智慧と慈悲とを知ったのであります。それがわかってきますと、凡夫の歎きは仏心に包まれている。そこに凡夫の歎きは大きな慶びに転じておる。これが転悪成徳《てんなくじょうとく》で、真実の南無阿弥陀仏に触れたのであります。ここのところを能所転換《のうじょてんかん》とも真妄交徹《しんもうこうてつ》ともいわれております。

まことに難度の人生は難思の弘誓に連なっている。人生の有碍の障りは無碍の光明の中に包まれている。そこには、二つの矛盾せるものが矛盾を越えた一大調和の響きを出している。この転換の機微をあらわすものが大信といわれ、大行といわれるものであります。「円融至徳《えんにゅうしとく》の嘉号《かごう》」といい「難信金剛《なんしんこんごう》の信楽《しんぎょう》」というのは、こういう意味をもっていることをあらわすのであります。「聞思して遅慮すること莫《なか》れ」とは、この心境の喜びの表現であります。

4　からだで聞いた念仏と信心

前講において、『教行信証』において今まで何度も読みつつ気づかなかった点に気づいた。その一つの点は、全く正反対のものが一対になって対立しつつも、しかも一つの調和の世界を画き出して、何ともいえぬおちついた響きを出している。それが仏教の真如、一如、実相である。それは今日いうている理想ではなくして本能の世界、それは反対の一致、西田哲学の逆対応、それが真如、一如といわれているもので、それが一つの言葉となっている。それが南無阿弥陀仏であるということに、気づいたのであります。ちょうど電気の（＋）と（－）が一つになって雷鳴を発した、それが念仏であるということを話したのであります。

それから第二にいまさらのように気づきましたことは、真宗の教えは信を主張する教えであります。唯信独脱《ゆいしんどくだつ》ともいい、「聖人一流《いちりゅう》の御勧化《ごかんげ》のおもむきは信心をもって本とせられ候《そうろう》」ともある。このように信心を主張するあまり、その結果、「お念仏はほんのつけたしで、あってもよく、なくてもよい」、このように大体すすめられてきたのであります。これは信行次第《しんぎょうしだい》であります。

ところが総序を見れば、行《ぎょう》が先で、信《しん》はいつも後になっておりますす。行信次第でありま す。それは『教行信証』ですぐわかる。「円融至徳《えんにゅうしとく》の嘉号《かごう》(行)は、転悪成徳の正智《しょうち》、難信金剛《なんしんこんごう》の信楽(信)は、除疑獲証《じょぎぎゃくしょう》の真理なり」とあって、行が先で信は後である。その次に、「行に迷《まど》い信に惑《まど》う」とあり、また、「もっぱらこの行につかえ、唯この信をあがめよ」とあり、また、「たまたま行信を獲《え》ば遠く宿縁を慶《よろこ》べ」とあるように、いつでも行信次第で述べてあります。

それであるのに、なぜに宗学勃興《ぼっこう》時代より、信行次第がことさらに主張せられたかということであります。

これは、仏教一般は教理行果の教えであります。それで信は理の中に小さくちぢこまって、その理の真実をたしかめるものは行であります。その行によって証をさとるのであります。それで仏教一般は、行に中心をおくのであります。しかし真宗においては、行はすでに仏の方において成就せられてある。それで、行の苦労はないのであるから、そのことを信ずる信が主張せられねばならぬことは、当然であります。

しかしその信が、いつの間にか観念化してきたのであります。観念化すれば、必ず自性唯心になる。自性唯心《じしょうゆいしん》となれば、定心となるか散心となるか[注1]が重大問題となってくる。もし、定心《じょうしん》に重きをおけば、信を「たのむ」という方面におかねばならぬし、また散心《さんしん》の方に重きをおけば「まかす」という方面に取らねばならぬこととなります。

そうすると定心の「たのむ」の方は、祈願請求の「もちかけだのみ」となり、散心の「まかす」の方は、放任の無関心の無帰命の「ぼんやり安心《あんじん》」となってしまうのであります。

先年越前に参りました時、あなたの安心は「馬追《うまお》い安心《あんじん》」か「雨滴安心《うてきあんじん》」かと問うた人がありました。「馬追い安心」とは、ただ「ハイハイ」と言うておればよいという安心、「雨滴安心」とは、どんなことでもはねかえして考える安心であるというのであります。「馬追い安心」となれば、すべてが「なげやり」となって何の力もないし、「雨滴安心」となれば、これは「もちかけだのみ」となって、祈願請求の安心となる。人間の分別智でやってみると、何としても真実のおちつきは出てきません。これが宗学勃興の徳川中期から明治の初期にかけての真宗教学の様相であったのではないかと思います。

この点に気づくようになりまして、本典《ほんでん》の外題《げだい》は『顕浄土真実教行証文類《けんじょうどしんじつきょうぎょうしょうもんるい》』となっているから、行の念仏に重きをおくことが大切なのではないかと気づくことになって、その先駆けをなしたのが、本派では七里恒順《しちりごうじゅん》師であり、大谷派においては清沢満之《きよざわまんし》師が『歎異抄《たんにしょう》』の「ただ念仏」ということを力説せられるようになったことと思います。

ところがその「ただ念仏」について、易行の易に重きをおけば「ただ」が「徒」となって放縦の運命論に陥るし、これを嫌うて凡夫の一心一向に重きをおくと「唯」の義でなければならぬが、これも取り違えると律法主義の観念論となる。そうすると、お念仏も放縦主義の「馬追い安心」の念仏となり、それでなければ、律法主義の「雨滴安心」の念仏となってしまうのであります。

信の放任主義の運命論と、観念主義の律法化を嫌ったために、行の念仏をもち出したのでありますが、そのお念仏がまた放縦主義の運命論となり、その結果称名正因の異義となり、観念論の律法主義となってしまった。その結果、十劫安心の異義と不拝秘事《おがまずひじ》の異安心《いあんじん》を出すようになったのであります。

結局、行の念仏も、信の信心も、共につまずかざるを得なかったのであります。それは結局、人間の分別智で考えたからであって、行の中にも不純なものが付随しており、信もまた不純物がまざっていて、純化することができなかったのに違いありません。

この放縦主義の運命論と、観念論の律法主義は、大体外道の考えであります。この外道《げどう》の運命論と観念論を仏教の中にもちこんだのが聖道門《しょうどうもん》であり、その聖道門の考えを浄土門《じょうどもん》に取り込んだのが浄土方便《ほうべん》の教えであります。

この放縦主義の運命論と律法化の観念論とを純化せない以上は、真実の仏道は成立することができんのであります。

放縦主義の運命論は必ず功利主義となり、観念論の律法主義は自是他非《じぜたひ》の自我の主張となります。もし人間に、この功利主義と自我の主張とを排除することができたならば、それこそ真の人間の救済であります。

この功利主義と自我の主張の排除を念仏の上に試みたのが『教行信証』の行巻であり、信心の上に試みたのが『教行信証』の信巻であります。これによって、外道的体臭を完全に払拭《ふっしょく》して、観念論の律法主義と運命論の放縦主義を超えた純粋行、純粋信を打ち立て、真実証を獲得したのが『教行信証』であります。

まず行巻を見るに、初めに「大行《だいぎょう》とは無碍光《むげこう》如来の御名《みな》を称するなり」とあります。すると、人間の功利主義からいうと、称《とな》えている自分の口に価値があるように思うのでありますます。すると必ず、称える念仏の数の多少が問題となってくる。これが「一念多念」の争いを起こした原因であります。それで親鸞聖人は、お念仏は我が口で称えるのではあるが、称える心は称揚讃嘆《しょうようさんだん》であると見られた。称揚讃嘆のほめることであるならば、他人の称揚讃嘆のお念仏でも、自分が聞いて同心すれば、それはそのまま自分も称えたことになるのであります。そこには自我の主張はありません。また、称揚の念仏なれば、一口のお念仏ではほめたらんということもなく、十声の念仏ではほめあまるということもありません。そこには、一多に執ずる功利主義を離れておるので「一念多念」の争いは止みます。

また、何心なく、ふと称えたお念仏も仏徳讃嘆の念仏となると思えば、自分の心のありようは問題にならずして、ただ喜びは身に泌む。ここに律法主義の「有念無念」の争いは止むのであります。

そういうことをよくみていきますと、お念仏は私が称えてはおりますが、いかなる心から称えても、それは仏から称えさせられている念仏であります。称えさせられているお念仏と気づけば、無信単行《むしんたんぎょう》といわれる徒《ただ》の称えさえすりゃよいという運命論の功利主義を離れ、また称えねばならぬと力む観念論の律法主義も離れております。そこには、申すお念仏について窮屈さを感じません。それでこそ大行といわれるもので、それは純粋行であるからであります。「ただ念仏」とは、この純粋性を意味しておるのであります。ゆえに、お念仏は所行の法で、仏より称えさせせられているのであります。

しかし、それを能行と執ずる時は、本願の嘉号を、自（自分）の行とするという間違いが起こるのであります。そうではなくて、その所行のお念仏を能信するのであります。[注2] 行が所行だから、信も所信であると言いたいのでありますが、ただ信ぜさせられたというくらいの軽い意味に取りますと、自分はぼんやりしていても、おおかた助けていただくんだろうという放縦主義の運命論となった「なげやり信心」であって、それは人間を動かす力をもっておりません。それは本願力回向の信とは違うのであります。そうではなくて、その本願力回向の信を信ずる、能信の信であります。その本願力回向の信は、自を是とし他を非とする観念論の律法主義でなく、自の非を見ることにおいて、如来の永劫《ようごう》の勤苦《ごんく》を仰ぐ、もっとも謙虚にしてしかも厳粛なる能信の信であります。それなればこそ、純粋なる真実信であります。それで、大信と名前がついたのであります。

それでお念仏（行）の方は、法でありますから、凡夫のもつ計らいを取り払うて純粋になるのだし、信心（信）の方は、機でありますから、[注3] 凡夫のもっているあらゆる不純物を跳躍台として真実なるものを仰いで、純粋になるのであります。

三河の牛久保というところに、長松という有名な妙好人《みょうこうにん》がおりました、その隣村に浅衛門という同行《どうぎょう》がいて、ある時、長松を訪ねて問いました。

「八万の法蔵章をいただいてみると、弥陀の本願を信ぜずしては、ふっと助かるということあるべからずとあるが、長松さん、私はこの信ずるということが、どうしてもわからん、一口教えていただきたい」

と浅衛門が頼みました。

すると長松は、

「その信ずるということは私もわからん。それは一大事だ。放っておけぬ。これからすぐ京都へ上って御講師から聞いてきてから教えてあげる」

と庭に降りて草鞋《ぞうり》をはいて出かけようとする。それを見て浅衛門、

「そんなに急ぐことはいらぬ、また、ついでの時に聞いておいてくれればよいわいの」

すると長松は、

「他人から不審をきかれて、それは知らんと、ベンベンダラリとしていられようか。後生《ごしょう》の一大事《いちだいじ》だ。これからすぐ上京する」

浅衛門は見かねて、

「そんなら路銀を差しあげよう」

と言うと、

「路銀の蓄えは自分に用意してある」

と、そのまま京都まで五十里の道を、夜の眼も寝ずに、三日三晩で上京して、香月院《こうがついん》の住居を訪ねた。そして香月院にお目にかかり、

「私は三河の長松というものでありますが、御文の中に、弥陀の本願を信ぜずしては、ふっと助かるということあるべからずと御意《ぎょい》あそばすが、この長松は、まかすとまではいただきましたが、信ずるとまでは、よういただきません。一口、お聞かせに預かりとうございます」

それを聞いておられた香月院、しばらく小首を傾けていられたが、思案の後、

「それはたいへん大事なことだから、明日一日、学寮の講釈を休んで、講師立ち合いの上で調べてから聞かせるで、それまで宿に帰って待っていよ」

とのこと。ここに信ずるということの、いかにむずかしいかということがわかる。すると翌日、学寮から調べがついたから出てこいとのこと。

長松参上して見ますと、講者列席の中に呼び出された。

するとと香月院は、

「長松よ、昨日の不審の点、今一度申し述べられよ」

長松は、

「御文について、まかすとまでは、いただきましたが、信ずるとまでは、どうしてもいただけませぬ。一口、御教化に預かりとうございます」

信心を、まかせることだというてはあるが、そのまかせる心が放任のなげやりでは何ともおちつけぬ。そこで何とかなってみたいのだが、何ともならぬ。そこに我が両手をもって、大千世界を挙ぐるより重い一大事がかかってくるのである。すると香月院は、側の五条院を顧《かえりみ》て、

「五条院、余に代わって授けられよ」

とのこと。そこで五条院は、

「その信ずるとは、列祖善知識《れっそぜんちしき》の仰せに順《したが》うことぢゃわいの」

とわたされた。

普通の人なら、ここで引き退《さが》るところであるが、一大事のかかった長松は引き退らない。それはただ観念の上で納得したのではすまされないほど、大事がかかっている。自分の身体全体をもって、聞こうとしているのである。それでまた重ねて問うた。

「その列祖善知識の仰せは、いかなる仰せでござりましょうや」

その時五条院の仰せに、

「その列祖善知識の仰せとは、何ほど欲の心は起ころうが、何ほど腹が立とうが、機の鼻を言えば鬼が出ようが蛇が出ようが、そのまま救うという仰せぢゃわいの……」

と渡された。

それを聞くなり長松は言下に、

「そういう仰せならば、この長松も信ぜられます」

と、小躍りして喜び勇んで、また三日三晩寝ずに、牛久保に帰ったということである。

我が機の鼻は、鬼も出る蛇も出る。我が機の計らいは、ある時は放任の「まかせる」で安心しようとしたり、またある時は一心一向とあるから、夜の目も寝ずにいるほどに熱心にならにゃいかんと思ってみたり、お念仏申せといえば、どの位称えたらよいかと値ぶみしてみたり、称えさえすりゃよいんだと我が分別の心を当てにしてみたり、またある時は、こんなにお念仏申しておるでこれでよいのだと自慢してみたりであって、どうしてもほんとにおちつくことができぬ。

結局人間は、煩悩《ぼんのう》も分別も計らいも皆、行き詰まらざるを得ん。この行き詰まりの極限において、初めてこれが凡夫《ぼんぶ》の自性であったのかと、心が方向を転換するのである。転換してみると、仏の案じたもうがごとく、我もまた案じていたのである。それはしろしめす仏の光明によって知ったのであるから、行き詰まったままが、実に広々とした世界となるのである。

それは、凡夫の煩悩も、凡夫の機の計らいも、皆やがて仏心に連なっているからである。それを南無阿弥陀仏という。それが真実の実相である。その実相を実相として、なるほどそうでありましたかといただけば、鬼も蛇も問題にならず、ああ信じた、こう信じた、ああ称えた、こう称えたというような戯論は、皆寂滅して大解放、大調和の世界が出てくるのであります。

それで、そういう仰せなら、この長松も信ぜられますという世界が出てくるのであります。

それを大行といい、大信といい、南無阿弥陀仏というのであります。

「大聖《だいしょう》一代の教《きょう》この徳海にしくはなし、穢《え》を捨て浄を欣《ねが》い、行《ぎょう》に迷《まよ》い信《しん》に惑《まど》い、心昏《くら》く識《さとり》すくなく、悪重く障り多きもの、ことに如来の発遣《はっけん》を仰ぎ、必ず最勝の直道《じきどう》に帰して、もっぱらこの行に奉《つか》へ、ただ斯《こ》の信を崇《あが》めよ」と、そこにあるものはただ称え、ただ仰ぐ世

界である。「親鸞においては、ただ念仏して弥陀に助けられ参らすべし」の世界でありま
す。

長き久遠の迷いも、幼き時より両手を合わせ仏を拝み、お念仏申せと教えられたことも、皆この南無阿弥陀仏の大解脱、大調和の世界を知らせんがための方便であったのでありま
す。遠く宿縁をよろこべの御語が身に泌みていただけるのであります。

昭和四十年五月二十三日

芦屋市如来寺にて

注1　「定心」は精神を統一し、一つの対象に専注する心。「散心」は日常の散り乱れた心。

注2　はたらく主体を「能」、はたらきを受ける客体を「所」という。真宗の場合、能行とは自らが念仏を称えることであり、所行とは阿弥陀仏から念仏を称えさえられることを意味する。同じく、能信・所信も、念仏で救われることを自らが信じることが能信で、そのことを阿弥陀仏から信じさせられるのが所信。

注3　「機」は人間、「法」は仏と考えればよい。正確に言えば、機とは衆生または衆生が領受した信心、法とは阿弥陀仏またはその救済のはたらきのこと。

5　沈黙の心の底を流るるもの

今回、荒尾、大牟田両市において、一ヵ月間連続の御縁がありまして『教行信証』について、ささやかな私の管見を述べてみたいと思い立ったのであります。さて事実講壇に立ってみると、茫洋の感があるのであります。

しかし、思い立ったことは、何か大きなお手まわしがあるのであろうと思いまして、私の根機にかなった点だけでも、おうかがいしてみたいと思うのであります。

京都の嵐山のほど近く、松尾の華厳寺《けごんじ》があります。鳳潭僧濬《ほうたんそうしゅん》という碩学《せきがく》がその寺に住んでおられた。親鸞聖人の撰述になる『愚禿抄《ぐとくしょう》』を読んで、難解のあまりこれは狂者の戯言《ざれごと》だと批評せられたということであります。それほど『愚禿抄』や『教行信証』は概観しただけでは、難解を感ぜしめる聖教であります。

そのため、今までは書庫の奥深くまつりこめられて、一般にはほとんど直接読まれなかったと思います。それで、『教行信証』全体にわたる味読というようなことは夢想だにせなかったことと思います。

『実悟記《じつごき》』によると、『教行信証』は、その素読でさえも厳重な儀式のもとに、三十日も四十日もかかって、しかも二十歳以上の僧侶に限って教えられたと誌《しる》してあります。

それが今日、英語にまで翻訳せられ、世間一般が『教行信証』を読んでみようという空気になったのは、『歎異抄』がもてはやされるようになった結果であると思うのでありま す。『歎異抄』は、この難解なる『教行信証』の意訳であります。そしてその『教行信証』は、法然上人の『選択集《せんちゃくしゅう》』の註釈であります。それは、この三書は、その記述の体裁が規を一つにしておりますことによっても明らかであります。

法然上人の『選択集』は、しごく簡単な教えであります。その標挙《ひょうこ》の文に、「南無阿弥陀仏、往生之業念仏為本」とありますが、ただこの一つに結帰するのであります。その外には学問も、菩提心の道念も、何も必要とせない。称うれば仏になる、これが法然の道理であるという、しごく簡単な教えである。

しかし、しごく簡単な教えなればこそ、その真意を得ることがむずかしくなってくるのであります。そのため、法然上人のお弟子の中にも種々の争論が起こってきたのでありま す。ただ口に称名せよということであるが、それならお念仏は一遍称えただけでよいのか、上尽一形《じょうじんいちぎょう》といわるるから、一生涯多く称えねばならぬのかという偏執が起こってきて、この二つの考えが対立して、一念多念の争いが起こってきたのであります。

また、殊勝な心で申したお念仏でなければ役に立たぬのでないかという人に対して、「行住坐臥時処諸縁《ぎょうじゅうざがじしょしょえん》をきらわず」とあるから、そんなことを考える必要はない、ただ称えさえすりゃよいのだという人も出てきて、ここに有念無念の争いが起こってきたのであります。これは人間の知解にだけ囚《とら》われると一念多念の争いとなるし、人間の善悪の心に囚われると有念無念の争いとなるのであります。

そういう法然門下のお弟子の争いを見られた時に、親鸞聖人は、「ただ念仏申せ、称うれば仏になる」と教えられた法然上人の真意は何辺にあるのであろうか、その真意を過誤なくいただいてゆきたい、とのおこころより御製作なさったのが『教行信証』であります。それでありますから、他人に見せるためというよりか、師資相伝《ししそうでん》の過誤なきことの証明に、御自身の心にいい聞かせたいために記録なさったのが『教行信証』であると思います。それで聖人は門弟に対しても一度も、『教行信証』を読めとはすすめておられぬのであります。

ゆえに『教行信証』は表面の文字を読むのが能ではなくて、文字と文字との間にある空間を、話であれば、話の中に出てくる沈黙とジェスチャーを味わうことができなかったら、いつまでたっても『教行信証』はいただけません。先の華厳の鳳潭が狂人の戯言だと罵《ののし》ったのは、表面の文字だけ見たからであります。その鳳潭がその後再び『愚禿抄』を読んで、前言のまちがいであったことに気づいて、これを賞讃されたということを聞いておりますが、これは文字と文字との空間を読み取ることができたからに違いありません。

法然上人が、「念仏申せば仏になる」といわれたそれを、称える凡夫の口の上に価値を見ますと、一声でよいとか、多く称えねばだめだとか議論が出てきます。それをおしていきますと滅罪の念仏となり、成仏《じょうぶつ》の呪術となります。またお念仏は現世の利益《りやく》があるといえば、念仏をすぐ祈祷の護符《おふだ》代わりに利用しようとするのであります。これらは皆、言葉の上だけ見ることから起こるまちがいであります。

そういうことを種々聞思して、その上で、法然上人が「念仏申せば仏になる」といわれたそれは、一体どういうことであろうかと種々さまざまに思惟せられたのであります。その思惟のはてにわかったものは、お念仏とは、仏の功徳をほめることであった、とわかったのであります。それは表現の言葉の底を流れている真実を汲み取ったのであります。

ほめる念仏なれば、自分をほめるのではなく、仏徳をほめるのでありますから、一声の念仏ではほめ足らんということはありません。十声の念仏では、ほめあまるということもありません。そこには一念多念の争いはありません。

しかもそのほめたお念仏の功徳は、仏が自分の自慢になさるのではなくて、そのほめた功徳の全体を、ほめて称えた凡夫のものにしよう、そこにほめさせようとなさった仏の願いが満足するのであります。第十七願に、「十方恒沙《じっぽうごうじゃ》の諸仏如来に我が名を咨嗟《ししゃ》し、称せしめん」と誓われたが、仏の心はここにあったのかとわかれば、喜びは身に泌みる。またそれなれば、凡夫の称えたお念仏は、諸仏のお念仏と等しいのか、それなれば我もまた諸仏の一人に加えられたのかとの喜びも、また出てくるのであります。この感激は、聖人においてはどれほど大きいものであったであろうか。

大行とは則《すなわ》ち無碍光如来の名《みな》を称するなり。
斯《こ》の行は即《すなわ》ち是《こ》れ諸《もろもろ》の善法《ぜんぼう》を摂《せっ》し、諸の徳本《とくほん》を具《ぐ》せり。
極速《ごくそく》円満す、真如一実の功徳宝海なり。

と讃嘆せずにはおられなかったのであります。

またありがたい心で称えねばいかぬのか、いやそうではないんだと横着にきめこもうとする有念無念の争いも同じことで、やはり自分に価値をみたいからであります。すると善人の念仏だけ役に立って、悪人の念仏は無駄事となる、それで如来の本願の御意《おこころ》にかなうであろうか。ありがたくない心から称える念仏も、そのままが仏の功徳を讃嘆しておるのかと思えば、喜びは身にあふれる。自分を智者と誤認して、他を軽蔑するその自分こそは、最下級の愚者である。その最下級の愚者にもお念仏が出てくださるとは何とありがたいことであろうかとわかれば、もはや有念無念の争いは姿を消すのであります。

わろからんにつけてもいよいよ願力をあおぎまいらせば、自然《じねん》のことわりにて柔和忍《にゅうわにん》辱《にく》のこゝろもいでくべし。すべてよろづのことにつけて、往生には、かしこき思いを具せずして、たゞほれぼれと弥陀の御恩の深重なることつねは思いいだしまいらすべし。しかれば念仏も申されさうろう。これ自然なり。わがはからわざるを自然ともうすなり(『歎異抄』第十六章)

お念仏は私が称えてはおりますが、「弥陀の御恩の深重なることを思い出せば、念仏も申される」とありますから、念仏は仏から称えさせられているのであります。

法然上人が、お念仏は不回向《ふえこう》だとおっしゃった、その不回向とは、私の方から仏に差しあげるものではないとしばしば教えて下さった。諸善万行は、私の方から仏へ差しあげる、それによって私が仏になる道である。しかし、お念仏は、私の方から仏に差しあげるものではなくて、不回向の法、回向を用ゆる必要はない法だと教えられた。その真意がどうしてもわからなかったが、なるほど今にして考えてみれば、お念仏は如来回向の法であったのか。それなればこそ、お念仏はいかなるお念仏も、仏の方より称えさせられていたのであったかとわかって見れば、もはやありがたいとか、ありがたくないとか、そういうことはいう必要がなくなって、ただほれぼれと御恩の広大さが身に泌むのであります。

これこそ法然上人の「ただ念仏せよ」という簡単な教えを、誤りなくいただくことができたという証明が『教行信証』であります。

こういうことは、ただ文字の上を走り読みしたのではわかりません。文字と文字との空間を読み取った味であります。

6　表街道と裏街道

法然上人までは「念仏して仏になる」という教えは仏法の裏街道であった。「座禅観《ざぜんかん》念《ねん》」と「修行戒行《しゅぎょうかいぎょう》」によって仏になるという聖道門《しょうどうもん》の教えが仏法の表街道であった。それで聖道門の教えは、ずいぶん道理理屈をいい、ずいぶんと殊勝なとか、ありがたいとかいう菩提心を、やかましくいう教えであります。

それを法然上人は、百八十度の転回をして、ひっくりかえしたのであります。それは仏の本願に照らしてみられたからである。

座禅観念のできる智者や、また修行戒行のできる聖者より、一文不知《いちもんふち》の悪人を助けたいのが如来の本意である。この本為凡夫兼為聖人《ほんいぼんぶけんいしょうにん》の仏の本意をもっとも具体化したのが、念仏するものを助けんという弥陀の本願である。然れば、念仏して仏になるという浄土の教えこそ仏法の表街道で、智者や聖者のために説かれた聖道門の教えは仏法の裏街道であると、今までの仏法の考えを覆された。これが法然上人であります。

なぜに法然上人はこういうことをなさったかといえば、それは法然上人の人間苦がそうさせたのであります。伝記によれば、上人は武士の子であります。幼少にして、その父が悪代官のために不慮の惨死を遂げられた。その時、父の臨末の遺言は、仇《あだ》を討つなということであった。怨《うら》みに報ゆるに怨みをもってすれば、怨みは永久に消えずしていよいよ大きくなる。怨みに報ゆるに恩をもってすれば、怨みはついに消ゆる。勢至丸《せいしまる》おまえは今から出家して父の菩提を弔えと、これが父の遺言であった。法然上人は、怨みの消ゆる道を、一切経の中で専心に求められた。然るに、怨みの消ゆる道がどうしても見つからなかった。思案のはて、黒谷の報恩蔵の中で善導大師の「一心専念弥陀名号、行住坐臥不問時節久近、念々不捨者是名正定之業、順彼仏願故」の文を見出された、その三十四文字が眼に泌みて写ってきたのであります。

念仏申せば、怨みの消ゆる弥陀の浄土に生まるることができる、それが如来の本願である。これこそ、十五歳で出家してから三十年近くも捜し求めていた法はこれであったかと、涙はさん然として下った。

その後の上人は、「ただ念仏すれば仏の国に生まるる、ただ念仏せよ」この外には何も説かれなかった。

教法を見出すものは、人間苦であります。もし人間苦がなかったら、お念仏の教えは見出されません。人間苦のないものは、道理理屈の座禅観念の知の宗教で満足ができます。また修行戒行の善悪の道徳教で満足ができます。人間は生まれながらにして、そういう考えをもっております。しかし、そういう教えだけではおちつくことのできぬようにするものが人間苦であります。

印度における浄土教の起因をなしたものは、王舎城《おうしゃじょう》の悲劇で、韋提希夫人《いだいけぶにん》の人間苦が念仏の教えを見出したのであります。

親鸞聖人の上に、『教行信証』を体得せしめたものは承元《じょうげん》の法難における聖人の人間苦であります。聖人ほどその著述の上に自己を語らなかった人はありません。然るにただ承元の法難における苦悩だけは、黙することができずして、「主上臣下、法に背《そむ》き義に違《い》し忿《いかり》を成し怨《うらみ》を結ぶ」と、やるかたなき忿懣《ふんまん》の情をぶちまけておられます。いかに当時の聖人の苦悩が大きかったかということが胸に響くのであります。しかしこの人間苦がやがて、「心を弘誓の仏地に樹《た》て、念《おもい》を難思の法海に流す」と本願念仏に値《あ》える慶びとなったのであります。

いかにしても、してみようのない人間苦は、人生の破綻《はたん》からくるのであります。施す手のある間は、破綻ではありません。施す手のないところに人生の破綻があるのであります。それなればこそ、悲しみも苦しみも、極限となって出てくるのであります。そこに初めて次元《じげん》を異にする高次の世界を見出すのであります。仏教の無分別智といい、阿毘抜致《あびばっち》といわるるもので、それがお念仏の世界であります。それは苦悩の人生をあるがままにして、しかもその苦悩を超越せしむる涅槃寂静《ねはんじゃくじょう》の世界であります。そこに人間の究竟《くきょう》の救いがあるのであります。人生とは、この世界を知るためにあるのであります。後生《ごしょう》の一大事《いちだいじ》というも、これより外にあるのではありません。

昭和四十年十一月二十日

荒尾市松葉　達相寺にて

7 『教行信証』と『歎異抄』

今回初めて、こちらの寺に参りまして、お話しすることになったのでありますが、今回は長い日数、お話しすることとなりましたので、『教行信証』についてお話ししてみたいと心構えをしておるのでありますが、この『教行信証』をいただいてみようと考えるようになりましたのは、『歎異抄』十八章を全部、京都で話しました時に初めて、『歎異抄』が『教行信証』の意訳であることがわかったのであります。

それで昭和十四年の春から、米原の説教場で地方の同行を相手としまして、『教行信証』を話し始めたのであります。初めの教巻、行巻は、古い註釈の本をたよりとして読んでいきますと、大体は判明します。しかし、信巻になってくると何としても読んだだけでは意味が通じません。文字はわかるが御意《おこころ》がいただけません。途方に暮れておりますちょうどその時、十九になった次男と六つになる末の女の子が、半年立つか立たぬに二人引き続いて死亡いたしました。私は身も世もあらず泣きくずれました。そのことが何ぞしらん、わかりにくかった信巻がわかるようになりました。その時に『教行信証』は人間苦を通してでないといただくことができぬお聖教《しょうぎょう》であるということが明らかとなりました。そのことは昨日、『選択集』が法然上人の人間苦の上にでき、『教行信証』が親鸞聖人の人間苦の上においてできたのであるということを話しましたが、『歎異抄』がやはり、唯円房《ゆいえんぼう》の人間苦の上にできた聖教であるということがわかるのであります。

唯円房の旧跡は、関東河和田《かわだ》の報仏寺であります。唯円房は『御伝抄《ごでんしょう》』に出ておる大部《おおぶ》の平太郎の弟であるといわれております。青年時代、殺伐な気性で、その妻を殺害しようとしたことが御縁となって仏法に入った人とも伝えられております。倉田百三氏の『出家とその弟子』の中には、日野左衛門の子として生まれたのが唯円房であるとしてあります。史学の上の考証は私にはわかりませんが、数奇な運命のもとに人間苦のありたけを味わった人であろうことは、『歎異抄』の第十三章あたりをみます時に、瞭然としてわかるのであります。

ともあれ、いかなる人の上においても、人間苦を通じてでないと本願の教えはいただけません。従って、人間苦を通じてでないと『教行信証』は読めない聖典であることは明らかであります。

それは、如来の本願は苦悩の衆生の上にかけられた願いだからであります。従って苦悩の衆生は、如来の本願を見出さずにはおれないのであります。

それが総序の文《もん》では、難思の弘誓と難度海、無碍の光明と無明の闇、正反対のものが一対となって、しかもなんともいえぬおちつきの調和の響きを発している、それが人間世界における真実相に目覚めたすがたでありましょう。

然るに人間は分別智に支配せられるゆえに、難思の弘誓と難度海とを分けてでないとよう考えない。それで南無阿弥陀仏についても、南無阿弥陀仏全体の相をよう領受せずして、分割してでないとよう考えない。すなわち阿弥陀仏を離れた南無を考えるから、真宗の信仰と現世祈祷の信仰と区別がつかぬ。南無を離れた阿弥陀仏を考えるから、阿弥陀仏が新興宗教の神と同じものとなって、真実の実相から分離してしまう。

こう申しますと、中には、それでも御文章にはいつでも南無と阿弥陀仏とが分けて釈してあるではないかという人が出てきましょう。なるほど一応は分けて釈してありますが、聖人の行巻の説明を見ますと、善導の「言南無者即是帰命」（願）を、「帰命と言うは本願招喚の勅命（行）なり、発願回向と言うは如来兼ねて発願して衆生の行を廻施したもうこゝろなり」と釈しておられます。善導の「願」とせられたものが聖人においては悉く

「行」となっている。また善導の「言阿弥陀仏者即是其行」とある「行」を、聖人は「即是其行とは、選択本願是也《これなり》」と「願」としておられる。これは何をあらわすかというと、南無の中にも阿弥陀仏の中にも共に願と行とがそなわっている。

それは南無と阿弥陀仏とは離れぬ。一応は厳然として二つあるが、その二者が一つの調和の世界を現出しておる。それが南無阿弥陀仏であるということは、人間の苦悩はそのまま、やがて仏の世界に連なっている。それは仏の証りは、人間の迷いを包んでいるからであります。

人間は皆、「思うようにならぬ、思うようにならぬ」と歎いてばかりいるが、そうではなくして、よくよく考えてみると、皆よくなっていくようにできているのであります。人間のやるせない苦悩は、このほんとによくなっていく世界を知らせんがためにあるのであります。

ここになってくると、人生の苦しみも悲しみも、私を縛りつけません。信心も念仏も私を縛りつけません。一大調和の解放の世界、これを正定聚《しょうじょうじゅ》といわれたのであります。その正定聚の信の中味に、仏も浄土もあるのであります。それを根本にもどして考えると、南無阿弥陀仏の中に、信も仏も浄土もみなある、これが浄土真宗である。そのことを知らせんとするのが『教行信証』であります。

昭和四十年十一月二十五日

荒尾市大菩提寺にて

8　霊鷲山の説法

教巻の始めに、浄土真宗は往相《おうそう》の回向と還相《げんそう》回向の教えで、私がいただいたままが、還相の回向となって他の人を救う。そこに如来の願が成就する。その往相の回向、すなわち私のいただいていく相に『教行信証』がある。かく言えば、堅くるしく響いてくるが、別段むずかしいことを説いてあるのではなく、これが『歎異抄』にきますと意訳せられて、

親鸞においては、たゞ念仏して　（行）2
弥陀に助けられまいらすべしと　（証）4
よき人の仰《おお》せを蒙《かぶ》りて　（教）1
信ずる外に別の仔細《しさい》なきなり　（信）3

となったのであります。そのよき人の仰せは法然上人でありますが、それを今一つ根本に遡《さかのぼ》ってみますと『大無量寿経《だいむりょうじゅきょう》』であります。

『大無量寿経』は、耆闍崛山《ぎしゃくっせん》で説かれたお経であります。『法華経』の疏《しょ》の中に、耆闍崛

山の出来た因縁が説いてあります。

昔この山に一羽の金の鷲が栖んでいた。その時の国王がこれを見て珍しく思い、生け捕りにせんと思って、この山全体に金網を張りめぐらして待っていると、うまく金の鷲は網にかかった。国王は喜んで、御殿の欄干に鉄の鎖でつないで飼ってやろうと、種々の餌を与えてみるが、どうしたことか鷲は餌づかない。心配しておられると、ある夜のこと、金の鷲が国王の夢の中に入って来て告げるのに「私は絶対に餌は食べません。それはあの向こうの山の崖の奥の私の巣に、今は年老いて目が見えない両親がいる。それで自分は毎日、野山を馳け回って鳥獣を捕えて両親を養ってきたが、今かくのごとく捕縛の身となっては、両親を養うことができぬ。親は餓死するのに、子は国王の御馳走にありつくということはなんとしてもできぬ。それで両親と共に餓死する覚悟でおりますから、餌は絶対に食べません」と、夢の告《つ》げをした。

それを聞いて国王はいたく感心せられて、ある日のこと五百羽ばかりの小鳥を珠数のようにつないで、鷲の首にかけて言われるのに「夢の告げによると、汝《なんじ》の孝行はまことにうれしい。それで今日は一度、汝の巣に帰してやろう。この小鳥は、おまえの両親へ対する土産の品である。王としては汝を末長く両親の膝下においてやりたいのだが、かく大騒動をして汝を捕えたのは、実は王の病気に一番よく効く良薬が汝の生肉で、そのため薬食いにするためであるから、一度両親の元へ帰ったなら、再びこの御殿に帰ってこい」といいふくめて放された。

金の鷲は両親の巣に帰ってみると、両親の鷲は健在であった。喜んで一部始終を話した上、国王の御恩の高きことを思って再び御殿に帰って来た。

国王は非常に喜ばれて「ああは言ったものの、畜生のことなれば再び帰ってはこないと思ったのに、よくぞ帰って来てくれた。薬食いと言うたのは方便で、実は国王の命令がいかによくこの国に行き届いているかが知りたかったのである。それは国民だけでなく、鳥獣の上にもいかに届いておるかが知りたかったのである。然るに、汝はよくぞ王命をまもって帰って来てくれた。この喜びをあらわすために、あの山全体を汝に与えん。それで今日よりは、あの山を禁猟区とするで、あの山におる小鳥を自由に捕えて老い先短い両親に孝行をつくせよ」と、鷲のもらった山だから霊鷲山《りょうじゅせん》（耆闍崛山）という名前がついたという因縁談であります。

大菩提寺の余田さんは、今から四十年ばかり前にこの山に登った時の感想を話して聞かされました。山は王舎城よりほど遠からぬ所にある。京都と比叡山くらいの位置にあるそうであります。耆闍崛山とある崛は巌崛で、その中に石床がおいてある。油石だそうであります。それが釈尊の「ベッド」で、熱帯の土地でありますから釈尊はその上に「アンペラ」かなにかを敷いて休まれたのでありましょう。余田さんはその石床に釈尊の汗も脂も泌みこんでおるであろうと思われて、感慨無量であったと話されました。その時、その崛の奥のところに今話しました金の鷲の巣の址《あと》が今も残っていると話されました。経典の真実性に、胸を打たれたのであります。

この山上で説かれた代表的なお経が『法華経』と『大無量寿経』であります。

親鸞聖人は、この『大無量寿経』を真実の教えとして、釈尊出世《しゅっせ》本懐《ほんかい》の経と見られたのであります。普通一般の仏教の高僧大徳は、『法華経』に「四十余年未顕真実」とあるから『法華経』が釈尊出世本懐の経と見られた。然るに親鸞聖人は、『大経』を出世本懐の経と見られたのはなぜであろうか。それは『大経』の初めにこの経を説き給う釈尊の瑞相が説かれている。その日の釈尊は、「諸根悦豫《しょこんえつよ》姿色《しし き》清浄《しょうじょう》光顔《こうげん》巍々《ぎぎ》」として、阿難の前に現れ給うた。

阿難は世尊の威光を仰ぎ見て、希有の思いを起こして釈尊に問い奉った。「仏は過去の仏を心に念じ給う時、威容顕曜《いようけんよう》にして光顔巍々たる相をあらわされると聞いておりますが、世尊よ、今日は如何なる仏を心に念じ給うや」と、問を出して、その日の釈尊の五徳《ごとく》の瑞現《ずいげん》を述べております。

なぜに『大経』を説かれた時、仏は瑞相をあらわされたのであろうか。

『大無量寿経』の正しき対告衆《たいごうしゅ》は、阿難である。

阿難は、釈尊の従弟で、多聞第一でしかも資性温順であった。ただ一つ悲しいことは、未離欲で煩悩が多かったために証悟が開けていなかった。それで釈尊は、いつでもこの阿難のことが心掛かりであった。なんとかして阿難を、自分の証りの境地にまで引きあげようと心を砕いておられたが、どうしてもそれを果遂することができなかった。

ところがある日釈尊は思われた。阿難は資性純真なるがゆえに、心に思った欲望をすぐ行為に移す。そこにいつもまちがいを起こすが、しかし自分は、すぐ実行には移さないが、やはり阿難と同じ欲望を心の底のどこかにもっている。今までは、釈尊は阿難を自分の地位にまで引きあげることばかりに苦労しておられたが、今日は初めて、引きあげるのではなくて、仏が阿難の地位に下がって考えられた。自分もやはり阿難と同じではないか、このことがわかった時に、これをわからせた大きな「光」があることに気づかれた。そういう光ならば自分もほんとに救われるが、あの阿難も同様に救われねばならぬ。今日こそ、阿難の救わるる真実の道が明らかとなったので、釈尊の威容は常に異なって、顕曜として輝いたのであります。

これが『大無量寿経』の、五徳瑞現の中の第一徳において、「今日《こんにち》世《せ》尊住《そんじゅう》奇《き》特法《どくほう》」となったのであります。このことを『教行信証』の教巻に引用してあります。それを憬興師が註して「神通輪《じんずうりん》によってあらわす相にして常に異なるのみにあらず。等しきものあることなきが故に」といわずにはおれなかったのであります。

そしてその第二徳において「今日《こんにち》世《せ》雄住仏所住《おうじゅうぶつしょじゅう》」に註して、「普等三昧《ふとうざんまい》に住して衆魔雄《しゅまおう》健天《ごんてん》を制する故に」とある。これは、今日までは仏と阿難との間には越えることのできぬ壁があった。そのために普等三昧に入ることができなかった。それで常に対立と不安が入り交じってくる。それは何としても免るることのできぬ焦燥であった。その壁が今日初めてのぞかれたのである。

仏教における根本問題は、この普等三昧である。真如というも、一如というも、無分別智というも、相反対せるものが大調和の世界を現出するというも、皆この普等三昧を指しておるのであります。仏教経典の中でもっとも多く使用しておる言葉では、差別即平等という言葉であらわしてある。[注1] 言葉は使い古しておるがその精神に触れることは至難であります。

差別即平等とは、いかなることを意味しておるのでありましょうか。相矛盾するものが一つの世界となって、しかもそこに調和と寂静の響きをもつ世界でなければなりません。

それは、差別の世界に満足と喜びをもって随順することのできるようになったことであります。差別の世界にありつつも、安心と喜びをもって、随順できるところが平等である。そこには差別の世界にありつつも、対立と不安を超出しておる。すなわち「煩悩具足と信知して本願力に乗ずる」世界であります。その差別即平等の真実の意味が体得できないから、普通一般は、差別を打破して平等にしようとするのであります。そういう平等は、真の平等でない悪平等でありますから、寂静の世界が出てこない。それで今度は、平等を打破して差別の世界を求めるようになります。それでそういう世界は常に対立し、常に不安にかりたてられて、常に衆魔雄健天の乗ずるところとなるのであります。

そのため、思うようにならぬ時は執念の鬼となり、思うようになる時は自慢の天狗となり、他を軽蔑する。天狗は身に神通力をもてども、部類は畜生の域を出ることができません。衆魔雄健天とは、かくの如きものをいうのであります。

この差別即平等の世界がわかれば、仏の第三徳の中の「今日《こんにち》世《せ》眼住導《げんじゅうどう》師《し》行《ぎょう》」の下の「五眼を導師の行と言う、一切衆生をよく引導するが故」の註も明らかとなります。五眼《ごげん》とは肉眼、天眼、法眼、智眼、仏眼で、肉眼を打破して仏眼になるのではなくて、仏眼を賜れば肉眼に安んじて随順することができるのであります。

そのため第四徳の「今日世英住最勝道《こんにちせようじゅうさいしょうどう》」の「仏の四智に住して独り秀で給える故」の註も判明いたします。人間それ自身は、眼耳等の前五識も、第六識以下の意識、末那識《まなしき》、阿《あ》頼耶識《らやしき》等も八識共に迷妄でありますが、差別即平等の智慧が開かれてくると、前五識は成《じょう》所作智《しょさち》に、第六識は妙観察智《みょうかんざっち》に、第七識は平等性智《びょうどうしょうち》に、第八識は大円鏡智《だいえんきょうち》に、かくのごとく四智に転ずることができる。ここに人間の色心（肉体、精神）を転成するのであります。ゆえに仏も諸根悦豫姿色清浄《しょこんえつよししきしょうじょう》なれば、その法を聞く衆生もまた、諸根悦豫姿色清浄の得益を得るのであります。

これによって第五徳の「今日天尊行如来徳《こんにちてんそんぎょうにょらいとく》」の下の、「第一義天、仏性不空の義をもっての故」の註がいただかれます。それは煩悩具足と信知して本願力に乗ずる相で、仏の辺にあった徳は、お念仏を通して凡夫のものとなるのであります。すなわち差別即平等の智慧を賜わるのであります。その如来の五徳が一つの声となったのがお念仏であります。ゆえに、如来の願心によってお念仏はいよいよ明らかとなり、お念仏によって如来の願心は明らかとなるのであります。この本願の念仏によって、一切衆生を助けんというのが『大無量寿経』の根本精神であります。

これをもって、斯経の大意は「如来の本願を説くを経の宗致《しゅうち》とし、仏の名号をもって経の体《たい》とする」ということが明らかとなったのであります。これによって洩れるものなく一切の衆生の皆救わるる道が明らかとなった、それならばこそ『大無量寿経』が仏出世の本懐の経と味わわれたのが親鸞聖人であります。

昭和四十年十一月二十六日

荒尾市泰正寺にて

注1　「差別」や「平等」という言葉は経典によく見られるが、「差別即平等」という一語にまとまった言葉は無いように思う。もちろん、思想としてはある。この現象世界を差別即平等と見るのが大乗仏教であることは言うまでもない。

9　差別がそのまま平等になる

仏教一般は『法華経』をもって仏出世本懐の経と見た。然るに親鸞聖人は、『大無量寿経』を真実の経と見られた。何をもって『大経』を真実の出世本懐の経と見られたかというと、『大経』の初めに五徳の瑞現ということが説かれてある。『大経』演説のその日の釈尊は「諸根悦豫姿色清浄光顔巍々」の相が讃歎してある。その五徳の瑞現を阿難が拝んだことにおいて、これこそ出世本懐の経であると感得せられたのであります。

一　今日世尊住《したまえり》二奇特《の》法《に》一

二　今日世雄住《したまえり》二仏《の》所住《に》一

三　今日世眼住《したまえり》二導師《の》行《に》一

四　今日世英住《したまえり》二最勝《の》道《に》一

五　今日天尊行《じたまえり》二如来《の》徳《を》一

この第二徳の上にある普等三昧、これは仏の立ち給う大地である。仏法はこの三昧の上に立つ教えである。それで、ある時は平等一如といい、ある時は実相といい、真如といい、また差別即平等といい、有限即無限といい、無相三昧といい、無願三昧といい、名前は変わっても中味は一つであります。

その中で、昨日は差別即平等という言葉をもって話したのであります。差別がそのまま平等であるということが体得できない以上は、人間の真実の救いは絶対にありません。

人間の迷いの根本は差別から起こる。その差別は根本無明《こんぽんむみょう》といわるる我執《がしゅう》から起こる。人間の願いの根本は自由と平等であります。

人間の完成とは差別と我執を離れて、自由と平等になることであります。しかし、人間普通一般の状態では、我執の考えを反省することなく平等を戦い取ろうとし、差別の考えを内省することなくして自由を願うのであります。そのため、平等は悪平等となり、自由は放縦となって、何としてもおちつくことのできぬものとなるのであります。おちつくことのできぬのは何か欠陥があることを暗示しておるのであります。

人間の迷いはずいぶんたくさんあります。貪欲《とんよく》も迷いなれば、瞋恚《しんに》も愚痴《ぐち》も迷いでありま す。これを無明といいますが、しかし、その貪欲や瞋恚や愚痴の迷いは表面のいわば浅い無明であります。それで、そういう無明は始末がしやすいが、何としても始末のできぬのが根本無明といわるる我執であります。

人間の志願も、ずいぶんたくさんあります。富貴も人間の志願であり、健康も、家庭の和楽も、皆人間の志願でありますが、それは表面の志願で、ほんとの根本的な志願は自由と平等であります。

それで、我執を破り真の自由平等の世界を打ち立てることができたら、人間の救いは完成するのであります。

この人間の至奥の願いに応じてでき上がったのが、差別即平等の仏教の原理であります。しかしこの差別即平等の原理は、言葉はわかるがその内容の体得は実にむずかしい。釈尊が正覚の最初において、自分の正覚の中味は普通の常識の世界では中々到達することのできぬ難得難解の法であるから、自分はこれで満足できたのであるから、もう何も説くことを止めて涅槃の雲に隠れようとせられたことは、差別即平等の原理の体得のむずかしさを知っておられたからであります。

差別即平等の原理、これはいかにして味得することができるか。それは他に道はありません。差別の世界に満足して、随順していけるようになった、それが差別即平等の原理を体得したのであります。その満足と喜びを以って、随順できるところが平等であります。

この仏教最高の原理をこともなげに了解することのできるのは、長い間真宗のお育てを蒙って、「煩悩具足と信知して、本願力に乗ずれば、すなわち穢身すてはてて、法性常楽証せしむ」という御教化《ごきょうけ》をかねがね聴聞しておったその法徳によって、差別即平等の理がこんなに楽にいただけるようになったのであります。

称名は能く衆生の一切の無明を破し
衆生の一切の志願を満てたもう　（行巻）

そうしますと、聖人の浄土真宗の教えこそ、仏教の真実義を一番くだいて、誰にもわかるよう一文不知のものにも知らされた、釈尊出世の本懐であることがわかったのであります。

その教えの真実義を、常住不断にたもつことができるようになっているのが、お念仏であります。

誓願の不思議によりて、たもちやすく、
称えやすき名号を案じ出したまいて、
この名字を称えんものを、迎えとらんと
御約束あることなれば、まず弥陀の

大悲大願の不思議にたすけられまいらせて

と『歎異抄』第十一章もここをあらわしております。

しかしそういうことが身につくようになるまでには、幾変遷の道を辿ったことでありましょう。

法然上人の御一代の御苦労は、南無阿弥陀仏にて助かるという法の発見であった。親鸞聖人の御一代の御苦労は、南無阿弥陀仏にて助かるという機の体験であった。南無阿弥陀仏の一つで助かるということは、そうやすやすとわかったのではありません。次第相承の善知識のあさからざる御勧化《ごかんげ》の御恩によってわかるようになったのであります。それは『大経』の第十八願は、仏のものと凡夫のものといっしょになっている。そのため、どこまでが仏のもので、どこまでが凡夫のものか区別がつかぬ。それは「十方衆生皆助けん」という如来の本願の御意でありますから、あれは助ける、これは助けんというような差別の心が入っておらぬ。それで本願の中には、第十七願もある、十一願も十二願も十三願も、また唯除五逆誹謗正法の中には、第十九願も第二十願の意も含まれている。それ等すべてをひっくるめた第十八願であります。

10　滅尽定と無相定

それで第十八願の「乃至十念《ないしじゅうねん》」が、口に称える念仏であるということも容易なことでわかったのではありません。それは支那の宗密禅師が、四種念仏ということを説かれて、実相念仏、観相念仏、観像念仏、称名念仏とわけられた。そして実相念仏が最高で、称名念仏が最下のものであると見られた。それで『大経』の第十八願の乃至十念とは、実相念仏の座禅観念の念仏であろうと見られた。座禅観念の聖道門が仏法の表街道と見られていると、そう考えるより外に道がありません。それを法然上人が仏の本願に立場をおいて、「本為凡夫、兼為聖人」が如来の本意なれば、第十八願の乃至十念は智者や聖者のなす座禅観念の念仏ではなくて、一文不知のものの称えあらわす口称《くしょう》念仏でなければならぬ。それで称名念仏して、仏の国に生まるる浄土の教えこそ如来の本懐をあらわす仏法の表街道でなければならぬと、百八十度の転回をなさった。そのため、乃至十念が口称の念仏であることが判明するようになったのであります。

ところが口称念仏となれば、称える凡夫の口に価値があるように見える。口に価値がある念仏なれば、称えて滅罪にしようか、称えて極楽参りの呪術にしようか、現世祈祷の護符の代用品としようかと考えるようになる。すると称えつつ何か称えたお念仏が人間を縛りつけて窮屈なお念仏となる。

それで聖人はその点を注意深く御覧なさったのであります。人間ははたして、お念仏を称えるねうちをもっているのであろうか。経典によるとお念仏は、仏が三世徹鑑の智慧と、回向を首としたまいて大悲心をば成就するという慈悲とで、でき上がった念仏であるとして、そんな広大なお念仏を、人の悪口や二枚舌を使っている凡夫の口で、どうして称えることができよう。できぬものを、今現に自分は称えている。そうなれば、そのお念仏は仏の方から私の口に称えさせられているのに違いない。仏の願によって称えさせられているとわかった時に、第十七願に説いてある「諸仏の称名」ということが、明らかにわかったのであります。

しかし諸仏の称名はいかなるものであるかは、判然とせない。また第十七願の「咨嗟《して》称《ずる》二我名《を》一」を、咨嗟《ししゃ》は讃嘆だと早ぎめにきめておりますが、咨嗟は讃嘆とはすぐ決められぬ。咨は「ハカル」ということで、嗟は嗟呼または、嗚呼ということで「アア」ということである。「アア」は喜びにも悲しみにも両通して使う文字であります。それならば咨嗟がほめるということにはすぐにはならぬ。それが「ほめる」と明らかにわかったのは、『大経』下巻の第十七願成就文の「十方恒沙諸仏如来皆共讃嘆無量寿仏威神功徳不可思議」に照らしてみて、初めて咨嗟が讃嘆、ほめると明らかになったのであります。ここまできて初めて、第十八願の乃至十念がいかなることを意味するかが、明白となったのであります。それで、乃至十念の念仏が御礼報謝ということにもなったのであります。

また第十八願の「至心信楽欲生我国《ししんしんぎょうよくしょうがこく》」のこの三心《さんしん》も、凡夫のものか、仏のものか判然としておらなかった。仏が「至心に信楽して、我国へ生まれんと欲《おも》え」といわれると、これは言葉の表面を取れば、当然自分の心に至心信楽欲生の三心をこしらえねばならぬ。自分の方にこしらえれば、これは十九願の「至心発願欲生」の自力の三心となる。もし十九願の信心を拵《こしら》えると、仏様に見てもらってお気に召すか召さぬか、何とかしてお気に入るようにと思うと、売買、追従、見参、宮仕えの心となる。これは二十願の信心である「至心回向欲生」の信であります。

このような信心は何か「おちつけぬ」、何か窮屈な、それは何故か。人間の灰汁《あく》がついておるからです。それで灰汁がついておると、自分に気がついたのは、それは灰汁のない信心がどこかで照らしてくれたからに違いありません。

そこに初めて、この照らしてくれた信心こそ、仏の信心であるとわかったら、仏の信心がそのまま私の信心となる。ああそうであったかと、初めて第十八願の三心が明らかとなったのであります。

このことは、『大経』下巻の第十八願の成就文《じょうじゅもん》を見れば歴然としてきます。第十八願成就文の中には十九願、二十願、十七願の倒影が残っている。

諸有衆生聞其名号、信心歓喜乃至一念、至心回向、願生彼国、即得往生住不退転、とある「聞其名号」は、その前の十七願がうつっているのであります。「至心回向」は、文字は二十願に使用してある。それを聖人は、「至心に回向して」ではなくて、「至心に回向したまえり」と転訓をくだされた。至心に回向するもの以上の信心に気づいた。気づいて見ると、その信心は早や自分のものになっている。なるほど、仏より回向せられた信心であったかという感激が「至心に回向したまえり」という送り仮名となったのであります。

ここに第十八願の「至心信楽欲生」の三心が明らかとなったのであります。

そこに仏様の大きな御苦労があったとわかるのであります。しかしわかりますと、わかったところを握って、これで自分はだいじょうぶ、これからは何も聞く必要がないとなりますと、それは切角よいところへ出たのでありますが、悲しいかな立ち止まったので不退転がなくなった。不退転とは退転せざる前進の相である。もう仕舞いとやれば停止の相で、これが化土《けど》。化土の菩薩は三宝《さんぼう》を見聞することができぬ。また聞こうということもしない。これが二乗の比丘の滅尽三昧である。

そうではなくて、至心回向が至心に回向したまえりと前進する。どこまでも前進する。称えても称えたことさえも気にとめない。信じても、信じたということさえ気にとめずして、一心に求道前進する。これが無相定《じょう》で、真実報土の往生であります。『大無量寿経』の真実はここにあるのであります。かくのごとくして、第十八願の中味が、仏祖善知識の御苦労によって、明らかとなってきたのであります。その究竟位をあらわすものが、親鸞聖人の『教行信証』であります。

昭和四十年十一月二十八日

大牟田市藤田町光円寺にて

11　空の世界と有の世界

昨日より今日にかけて、お話ししております点は『教行信証』の行巻の中に出ておりま
す。七高僧の第一番目にお出ましなさった、龍樹菩薩《りゅうじゅぼさつ》の『易行品《いぎょうぼん》』の阿惟越致《あゆおっち》。それを初《しょ》
歓喜地《かんぎじ》というのでありますが、それは、八不中道《はっぷちゅうどう》の空《くう》、それを言葉を換えていえば差別即
平等の世界。それを時には真如といい、一如といい、無分別智と言葉は変わっておりま
すが、中味は一つであります。

その真実の阿惟越致を求むるには、自力の修行ではむずかしいが、名号を称えるお念仏
によると行き易い。それで念仏申して阿惟越致に到ろうではないかと説かれたのが、易行
品であります。

その差別即平等の世界は、ちょっと考えるとわかりにくいのでありますが、真宗のお話
を聞かしてもらうと、煩悩具足と信知して本願力に乗ずるという和讃によって知らせても
らうのであります。普段、その教えを聞かせてもらっておりますから、ただ一度、差別即

平等と聞かせてもらうとその真意がわかるのであります。龍樹菩薩は、そういうことを知らせようとなさるのであります。

その次にお出ましなさったのは天親菩薩《てんじんぼさつ》で、その著述が『浄土論』であります。天親菩薩は『浄土論』の外に『十地経論』を書いておられます。それは昨年参りました時にしばしば話しました菩薩修行の階梯の、五十二段の階級の中の、十地の階段が書いてあります、その十地が浄土として顕わしてあるのが『浄土論』であります。その浄土は、龍樹菩薩の八不中道の阿惟越致の世界、それは先に述べました放縦の投げやり的な運命論でもなく、律法化した理屈の観念論でもない真実の世界、八不中道の空の世界、それを天親菩薩は浄土の有の世界としてあらわされたのであります。

差別動乱の現実の世界から見ると、真実の世界は差別動乱を離れた空の世界であります。その真実の空の世界を浄土と名づければ、現実の差別動乱の世界は夢幻の世界であります。もし現実の夢幻の世界を有とすれば、浄土はほのかに感ずる世界であります。

空とあらわしても、有とあらわしても、共に真実をあらわしているのであります。それで龍樹菩薩も、阿惟越致(阿毘跋致《あびばっち》)を求めることから出発しておられるのであります。すなわち天親菩薩の『浄土論』は、その前の『十地経論』を受けて十地の中の初地が阿毘跋致で、そして『浄土論』の内容は、十地の表現を具体化して詳説したものであります。
それで龍樹菩薩は、念仏して阿毘跋致に到ろうとしておられるところを、天親菩薩は「世尊我一心《がいっしん》」と信心によって到ろうとしておられるのであります。すると念仏と信心と別々のもののように思うが、そうではないので、天親菩薩の一心は後に五念門《ごねんもん》として開いてあります。五念門とは、五念仏門であります。すると、念仏と信心と阿毘跋致（浄土）とは一つのものであります。その一つの世界こそ、人間の願うてやまん世界なのであります。

一心を如何にして五念仏門として開かれたか。それは先に述べました十地の初めが歓喜《かんぎ》地《じ》で、これは自我愛を初めて破った世界であります。第二地離垢地《りくじ》で、煩悩の垢《あか》を離れます。この初地と二地が一つとなったのが礼拝門（果から言えば近門《ごんもん》）。十地の中、第三地発光地《ほっこうじ》、第四地焔慧地《えんねじ》、これは智慧の焔が光り輝く世界で、この二つが一つとなったのが讃嘆門《さんだんもん》（果からいえば大会衆門《だいえしゅもん》）、十地の中の第五地難勝地《なんしょうじ》が作願門となり（果からいえば宅門）、第六地現前地《げんぜんじ》が観察門《かんざつもん》（果からいえば屋門《おくもん》）となったのであります。そして第七遠行地《おんぎょうじ》、第八不動地《ふどうじ》、第九善慧地《ぜんねじ》、第十法雲地《ほううんじ》が一つになったのが回向門（果の上よりいえば、薗林遊戯地門《おんりんゆげじもん》）となったのであります。

十地	五念門	五功徳門
初歓喜地	礼拝門	近門
離垢地	礼拝門	近門
発光地	讃嘆門	大会衆門
焔慧地	讃嘆門	大会衆門
難勝地	作願門	宅門
現前地	観察門	屋門
遠行地	回向門	薗林遊戯地門
不動地	回向門	薗林遊戯地門
善慧地	回向門	薗林遊戯地門
法雲地	回向門	薗林遊戯地門

これによって、龍樹の阿惟跋致が天親の浄土であることがわかります。以上によって、信心と念仏と浄土は一つであることがわかります。

しかし人間は、分別智によって判断するものでありますから、この三者が一つであるということが中々わかりません。またそういうことから五念門も中々正鵠《せいこく》を得ることができません。人間としては心からなる礼拝はむずかしく、讃嘆の念仏も容易なことではわかりません。また作願も「久遠劫より流転せる苦悩の旧里は捨てがたく、いまだ生まれざる安養の浄土は恋しからず」で、中々作願せないのが人間であります。従って、仏法に心をよせるということも稀れであります。これが観察のないことであります。

この凡夫の相を凝視し悲歎して、人間完成の道はこの五念門を修するより外にないのだと独り踏み止まって、一心に礼拝し讃嘆し作願し観察して、これを人類全体にゆずり与えんとせられた人があったに違いありません。それが法蔵菩薩《ほうぞうぼさつ》であります。その菩薩の願が自利々他《じりりた》成就して、今私共の上にあらわれきたったのであります。それでほそぼそながらも、我等が礼拝し讃嘆し乃至観察するようになったのであります。それは仏の回向によって、かくなさしめられたのであります。

然れば今我等が仏前において両手を合わせ、お念仏申し、仏の世界に生まれんと思うて仏法に耳をかたむけているのは、仏の回向によって仏の世界に座らせていただいておるのであります。われわれの上にあらわれているものは、ほそぼそとしてあらわれてはいるが、その根本は法蔵菩薩の威神力よりあらわれたものと思えば、勿体なさは身に沁みてきます。

そういう五念ならばこそ、それはそのままた、後より来る人への還相として残っていきましょう。それでお念仏も信心も浄土も一つの世界をあらわしておることが頷《うなず》かれるのであります。

法蔵菩薩は凡夫を見て、凝視し悲歎せられた。それによって凡夫は、凡心を遠離し仏心に転依《てんね》することができるのであります。

それでわれわれも仏の還相の徳として、自身住持の楽をもとめず、往来の思い、供養の思い、度脱の思いを離れさせていただくことができるのであります。それで法を説く身にも、法を聞く身にも、往来の思いがないようになるのであります。

六連島《むつれじま》のお軽《かる》同行が、

どんだ背負うて山阪すれど、御恩思えば苦にならぬ

と喜んだのはこれであります。また法を説く身にも、供養を受けねばならぬの心を離れさせてもらいます。それを法を聞く身に取りますと、如来大悲の恩徳は身を粉にしても報ずべしの心となって、そこには功利的の思いを遠離することができるのであります。また法を説く身にも、度脱し済度しても、済度したという思いがありません。それを聞く側からいえば、聞いても聞いても、聞き終わったという思いはなく、どこどこまでも聞いていく

心となったのが仏の還相の徳が身についたのであります。
　これが、菩薩の一心五念が我等衆生の上にあらわれた相であります。それを思うてみますと実に威徳広大なる、広々とした虚空の如き空の世界に心は住み遊んでいるのであります。

昭和四十年十一月三十日

大牟田市昭和町延命寺において

12　一心と五念

『教行信証』の総序において、矛盾せるものが一つの調和の世界を画き出す。それが仏教の真実と申しました。それが教巻になってくると、五徳瑞現の中の第二徳にある普等三昧《ふとうざんまい》となっている。それは言葉を換えれば差別即平等で、それは差別を打破して平等になるのではなくて、差別に安んずる、そしてそれに随順する、それが平等である。それが真宗の教えになってくると、煩悩具足と信知して本願力に乗ずる相で、これも煩悩を打破して本願力に乗ずるのでなく、本願力に乗じたから煩悩具足に安んじて喜びがある。薄紙《うすがみ》一枚の疑いということをよく申しますが、その薄紙一枚を除去して後に安心するのではなくて、薄紙一枚の不安の上に、如来永劫の御苦労を見出す。すると薄紙一枚は如来の本願力に転じて、そこには薄紙一枚の問題はなくなるのであります。それが煩悩即菩提という、即《そく》の心であります。それを差別即平等というのであります。そのこと一つが、人間のすべてを解決する救いの道であります。それが今度行巻にくると大行の念仏であります。その念仏の世界を、龍樹菩薩は「空」であらわされる。空はすなわち八不中道である。その八不中道の空の世界を阿惟越致といわれた。その阿惟越致は、自力では中々容易に見出せない。それであるから、お念仏によって見出していこう、これは楽な道であるから易行道である、と説かれたのが龍樹菩薩の『易行品』である。

その龍樹菩薩の易行道の念仏に一心帰命すれば、阿毘跋致の弥陀の浄土に往生ができると説かれたのが、天親菩薩の『浄土論』(有の世界)であります。それで易行道の念仏に一心帰命するという、その一心帰命を五念門に開いて一心の内容を明らかにし、その阿毘跋致の浄土を五功徳門によって明らかとしたのであります。

天親菩薩は千部の論師と名づけられております。その代表的な著作が『唯識論』『十地経論』『浄土論』の三部であります。この三部は自ら一脈の連絡があります。『唯識論』は人間心理の変革を目的としてできた著作、『十地経論』はその人間心理の変革を目ざす菩薩の修行の階梯を説くものにして、『浄土論』はその菩薩修行の階梯を普く一切衆生の上に平易に実践せしめんために説かれたものであります。

すなわち『十地経論』に説くものは、初地より六地までに布施持戒等の六度の行を修し、第七地において菩薩の死であるという沈空の難を見出し、八地以上においては智慧慈悲方便の普賢行を行う（十波羅蜜よりいえば、方便、願、力、智の四波羅蜜）ことを説いたものでありますが、そのことが根底となって『浄土論』は組織せられております。

すなわち初地二地の布施と持戒が一つとなって礼拝門となっております。すなわち、布施は自我愛を破る為にある。すなわち自我愛を捨てて厳粛なる心から礼拝は行われる。

三地四地の忍辱と精進、この二者は人間の世界においては両立しがたい。腹は立てぬが腹の黒い人もある。正直一辺で竹を割ったような気質だが瞋《いか》りやすいという人もあって、この両者は中々両立しない。もしこの両者が具足円満したら讃嘆せらるべきものであります。南無阿弥陀仏はこの両者が円満具足してできたもので、「我行精進忍終不悔」の行によってできたもので、それで称名念仏を讃嘆門とせられたのであります。

第五の禅定は作願門となり、第六の智慧は観察門の行となった。初地より六地までの布施持戒等の六度の行によって、無分別根本智が一応完成するように、礼拝、讃嘆、作願、観察の入の四門によって菩薩自利の行は一応完成したのであります。しかしこれだけでは、菩薩の大心といわるる利他の行が欠けております。如何にすれば利他の行が行われるか。また如何なるものが利他の行となるか。このことを見きわめることは、実に難中《なんちゅう》の難《なん》である。難中の難なるゆえに、放棄すれば菩薩の資格を失うて二乗地に堕する。前進せんとすれば五里霧中である。二河白道《にがびゃくどう》における三定死《さんじょうし》も、また先に述べた薄皮一枚の疑いというも、この境地に外ならぬ。実に七地沈空《しちじちんくう》の難である。ここに菩薩の死といわるるほどの苦労があるのであります。

しかしこの苦労を通して、ようやくにして発見せられたのが回向門であります。回向とは「まわしむける」ということでありますから、一切の衆生が菩薩の今まで行ぜられた礼拝等の行を行ずるようになったら、「まわしむける」回向が成就するのであります。そこに初めて、利他の行が満足するのである。「如来の作願をたづぬれば苦悩の有情をすてずして回向を首としたまいて大悲心をば成就する」とはこのことであります。ここに自利々他《じりりた》満足の無上正遍道の阿耨多羅三藐三菩提《あのくたらさんみゃくさんぼだい》が成就したのであります。

この礼拝等の入の四門、すなわち自利の行成就によって、近門《ごん》（浄土の門に入る）、大《だい》会衆門《えしゅ》（浄土の聖衆の仲間となる）、宅門（浄土の玄関に入る）、屋門《おく》（浄土の奥座敷に座す）の入の四功徳が菩薩についてくる。この入の四功徳を一切衆生の上に同様に施すことができたならば、すなわち一切衆生が近、大、宅、屋の四功徳を身の上に行いあらわすようになったならば、果の上においても利他の満足がある。

かくなさしむるものが薗林遊戯地門で、これが還相回向《げんそうえこう》といわれるものであります。しかれば今我等が仏前に参詣して、仏を礼拝し（礼拝門――近門）、聖衆の仲間としてもらい、お念仏申しておることは（讃嘆門――大会衆門）、而して仏の願いを聞き（作願門――宅門）、本願念仏の中味を味あわせていただいておること（観察門――屋門）は、仏の還相の働きが今現に私の上にあらわれているのであります。すなわち凡夫の往生は仏の還相によってできたのであります。

ここまできました時に、五念門、五功徳門の教えの組織の精巧さ、考察の真実さに、親鸞聖人は驚異の目を見張らずにはおれなかった。それが『浄土論』、『浄土論註』（『往生論註』）の上にはただ普通の菩薩の五念門、五功徳門として説いてあるが、普通の人間の修行してなった菩薩の行、菩薩の功徳としてはあまりにも貴く、あまりにも真実であると考えられた時に、その根源に従果向因《じゅうかこういん》の法蔵菩薩の五念門、五功徳門がなければならぬということを感得なさったのであります。これによって「法性法身《ほっしょうほっしん》より方便法身《ほうべんほっしん》を生じ、方便法身より法性法身を出す」という教えも、ほんとにいただけるようになりました。またそれを通して応身仏《おうじんぶつ》の釈迦の出現も、さこそと仰がれたのであります。また「穢土の仮名人《けみょうにん》、浄土の仮名人、一つにして同ずべからず、異にして分つべからず」ということも、またひいて「信の一念」の外に「行の一念」と「憶念の心」とを考えずにはおれなかったことも、この天親菩薩の五念門五功徳門の教えを熟読玩味せられたことから出てきたのであります。聖人が『浄土論』、『論註』の御教化をいかに大切に味読せられたか、また天親の「親」の一字と、曇鸞の「鸞」の一字とを取って、自名とせられた御意もほんとにいただけるのであります。

昭和四十年十二月二日

山下町正覚寺にて

13 転の世界、無生之生

龍樹菩薩、天親菩薩の御教化がすんで、第三祖曇鸞大師《どんらんだいし》のお喜びにうつっていくのでありますが、曇鸞大師の『往生論註』（略して『論註』）は天親菩薩の『浄土論』の註釈であります。

曇鸞大師は、幼少のころから虚弱な方であった。それで仏教の中の四論宗を勉強するのに困られて、立派な体格となって四論宗が学びたいと、陶隠居《とういんきょ》（弘景《こうけい》）という仙人について不老不死の法を学ばれて、免許皆伝を得てその奥義書を懐に入れて意気揚々として帰途につかれた。途中菩提流支三蔵《ぼだいるしさんぞう》に邂逅せられた。三蔵は曇鸞に対して、汝が懐中にあるものは何かと問われた。これは不老不死の妙術が書いてある仙経だと答えられると、流支三蔵は呵々大笑して、世に不老不死というようなものがあるのか、ほんとうに不老不死を求むるならばこれを読めと『観無量寿経』を渡された。ここに翻然として証った曇鸞は、仙経を焼きすてて本願他力に帰した。その経緯を、天親の『浄土論』を註釈して『往生論註』を書くことによって註表せられたものであります。

天親菩薩の『浄土論』は、龍樹菩薩の『十住毘婆沙論《じゅうじゅうびばしゃろん》』に出てくる阿惟越致《あゆおっち》すなわち阿《あ》毘跋致《びばっち》の世界、つまり浄土が、仏教一般からいえば、真如、一如、実相で、それを今一つ具体的にあらわせば、差別即平等の世界で、それを根本的にいえば縁起を証った世界であります。

それで曇鸞大師が仙経をすてて、本願他力に帰した。それによって『無量寿経』を得たということは差別即平等の世界、すなわち煩悩具足と信知して本願力に乗ずる仏教の根本精神を獲得した。その記念塔が鸞師の『論註』であります。

それで『論註』の始めにこの意があらわしてあります。「龍樹菩薩の十住毘婆沙を案ずるに、菩薩、阿毘跋致《あびばっち》を求むるに二種の道あり。一つには難行道、二つに易行道なり。難行道とは謂く、五濁《ごじょく》の世、無仏の時において、阿毘跋致を求むるを難とす。その難にいまし、多途あり。ほゞ五三を言いて義の意を示さん。一つには、外道の相善《しょうぜん》は菩薩の法を乱る」と書き出してあります。

その阿毘跋致を求むる難の第一の理由が、「外道の相善は菩薩の法を乱る」ということであります。これは外道の相善が菩薩の法に紛れやすいので無仏の世界においては、阿毘跋致が得がたいというのであります。相善というのは、相似の善であります。外道にも善はあるが、相似の善で真の善でない。世間一般にいう善は悪に対する勧善懲悪の善であります。それゆえ、善を進めれば進めるほど悪もまた進んで、善悪の対立と闘争が激化してきます。

このことは人間の知も同じことで、知を進めれば進めるほど賢愚の対立と闘争が大きくなっていきます。対立と闘争のところには、いつでも苦悩を伴います。その苦悩が耐えがたくなると人間の知性も善悪の道徳性も破る感情が起こってきます。その所謂《いわゆる》感情の勃発するところには、いつでも混乱と破壊があるだけであります。人間の原始的根本的の立脚点は、この感情にあるのでありましょう。その感情が不純である間は、人間の知性も徳性も欠陥をもつのは当然であります。ここには阿毘跋致の救いは出てきません。仏の心とはこの不純な感情を純粋感情にしようというのであります。

この不純感情が純粋感情となれば、知も純粋となって真実を見通す三世徹鑑の智慧となり、徳性も真実の意志と変わります。それが如来の願といわるるものであります。知情意とも純粋となるところに人間の変革がなされるのであります。これが『唯識論』のねらうところでもあります。ここに始めて阿毘跋地が成立するのであります。これが如来の教法でありますが、そこに気づくには容易なことではなく、外道の相善と仏道の徳である如来の願とが混同して取り扱われる。ここに阿毘跋致を求むるのに困難があるのであります。聖道門はこの相似の善と如来の徳である願の区別を明らかにしておらない。そこに真実を見るのに難があるのであります。

第二の理由は、「声聞は自利にして大慈悲を障《さ》う」。声聞は自分の自利の法だけは見出しておるが、利他の大慈悲を見出すことはできません。それで自利々他円満の阿毘跋致に到ることはむずかしい。聖道の教えは自利の方面にずいぶんとやかましく教えるが、利他の方面に欠けておるところがあるのであります。

第三は「無顧の悪人は他の勝徳を破る」。至極の悪人は他人のいかなる勝れた徳をも破って、しかも恬《てん》として恥じない。これは世間一般のありさまであるから、阿毘跋致を求めようとするものがないようになる。そのため証りは開けないのである。

第四には「顛倒の善果よく梵行を壊《え》す」。今は幸福に見える人も栄華栄耀に見えはするが、しかしそれが真実の善因からきたものでない以上は、禍を含んでいる善果であります。それでそういう人はどうしても真実に気づくことができん。それで証りは開けない。

第五に「ただこれ自力にして他力の持《たも》つなし」とある。これは自力だけわかって他力ということがわからぬと証りは開けない。聖道門は自力で、他力に気づかない。

以上五つの相が今日世上一般に見る相である。鸞師の今日まで通ってこられた四論宗の教えにしても、陶隠居の仙教にしても以上五つのもの以外ではなかったのであります。これでは仏になることは中々むずかしいから難行道である。

易行道というのは、「信仏因縁、願生浄土」であるといわれる。すなわち仏を信ずる因縁の上にあらわれてくる世界が浄土に参れるという証りである。これなら仏を信ずるという因縁があれば、阿毘跋致の証りは必ず開ける。これはいかなる人でもできることではないか。それゆえに易行道である。ここから一心帰命の安心と、浄土の内容である二十九種荘厳と、一切衆生と共に証りの世界に生まれんとする回向を説く。これが『論註』の筆勢であります。

さきほど、人間の知情意は三者共に不純性を含む虚仮不実で、この三者を純粋にするところに人間の変革をなすものであると申しました。この人間の変革をなすということが浄土に生まれるということで、それはただ信仏因縁によってなされるということをいいたいのが、鸞師の『論註』の意だと思います。その点がことさらに親鸞聖人の意を引いたのであります。

人間の知性は功利性をもっております。宇宙開発のロケットはすぐ兵器に変わります。人間の感情は無軌道性をもっております。それで奔馬のように荒れ狂う。人間の意志は律法性をもっております。それで常に自是他非の心から他に対して命令しようとしております。これが不純である証拠であります。このことを鸞師は『論註』に「自心貪二著我身一（智の功利性）」といい、「求二自楽一（感情の無軌道性）」「恭二敬供三養我身一（意志の律法性）」といわれました。これが人間の不実功徳であります。

この現実を凝視するところに、この不実を歎かざるを得ぬものがあります。その歎くものが、仏力他力の用《はたら》きで、その歎く所に我身に貪著する心を遠離し、自楽を求むる心を遠離し、我身に恭敬供養の心を遠離する。これが純化したる知情意で、それこそ真実功徳によって荘厳せられたる世界であります。凝視し悲歎し遠離するところに転の世界がある。往生とはこの無生の生、すなわち転の世界であります。これが仏力他力の用きで、信仏因縁願生浄土といわれたのであります。

ここに穢土の仮名人、浄土の仮名人、一つにして同ずべからず、異にして分つべからず。因の位（穢土の仮名人）と果の位（浄土の仮名人）とありつつ別物があるのでなくして、一つのものの相続しておる世界、それが無生の生といわるる往生であります。これが信仏因縁、願生浄土の世界でこれによって阿毘跋致を容易に得ることができるのであります。

これが『教行信証』の信巻の三一問答の中、字訓釈に、

「一切の群生海、無始よりこのかた乃至今日今時に至るまで穢悪汚染《えあくわぜん》にして清浄の心《しん》なく虚仮諂偽《こけてんぎ》にして真実の心なし。こゝをもって如来、一切苦悩の衆生海を悲憫《ひびん》して、不可思議兆載永劫《ちょうさいようごう》において、菩薩の行を行じたまいし時、三業の所修、一念一刹那も清浄ならざることなく真心《しんしん》ならざることなし。如来、清浄の真心をもって、円融無碍《えんにゅうむげ》、不可思議不可称不可説の至徳を成就したまえり」

とあります、この三一問答の原型をなしたものがこの『論註』の御教化であったのであります。

14　薄紙一枚の疑い

前講で人間の知性も徳性も破っていくものが感情であると話しました。この感情こそ人間の根本的基盤ではないでしょうか。それで知性や徳性は男女老幼賢愚の間に相違はあっても、感情には差はなくて同じだと思います。ゆえに如来の本願はその根本的基盤の上に立てられたものと思います。ゆえに如来心とは、穢濁を去った純粋感情でなければなりません。これが慈悲であります。

感情が純粋となれば、知性も純粋となります。これが三世徹鑑の智慧といわれる仏智であります。従って意志も純粋になります。この清浄なる意欲が願と名づけられます。その願が叫びをあげたのが欲であります。親鸞聖人が、欲生とは「如来諸有の群生を招喚《しょうかん》したもう勅命なり」と釈せられたことでも明らかであります。すると仏智の表現が至心《ししん》で、仏の純粋感情の表現が信楽《しんぎょう》で、仏の清浄意欲の願の表現が欲生《よくしょう》となったのであります。従って純粋感情の仏の信楽が凡夫にうつったのが「信の一念」と名づけ、仏智の至心が尊号として表現せんとする相が凡夫にうつると「行の一念」となる。そうすると如来清浄意欲の願のうつった相を憶念《おくねん》の心であるというてもよいと思うのであります。

そうすると信の一念や行の一念は意識の上にのぼるからわかりやすいが、意識の上にのぼらぬ憶念の心である欲生が判然しがたきは当然のことであります。この欲生の問題が判然とせないところに、方便化土と真実報土の真仮の判別ができ兼ねたであろうと思われます。そのため往生という意味が判明しかねたのであります。

仏法を長く聴聞しつつこれという不足小言はないけれども、往生如何となれば不安がどもならぬという、いわゆる、古来薄紙一枚《うすがみいちまい》といわれたものは、この潜在意識の問題である。欲生に関係するからでないかと思います。これが菩薩十地の階級では七地沈空の難といわれるもので、菩薩の死と名づけられております。この七地を越えて八、九、十地の浄心上地の菩薩となるには諸仏の加勧による以外は、この難関を越ゆる道はないとしてある。

これは何を意味するものでありましょうか。

この薄紙一枚の疑いは、いかにしても除去することができぬ。自力の分別計らいでは、大地微塵劫を超過しても出離その期《ご》はありません。

ここに後生の一大事といわれる不安があるのであります。この薄紙一枚の疑いを凝視するのであります。凝視し悲歎するのであります。そこに、仏の無量永劫の御苦労に気づくのであります。ああ、このどうしてみようのない我心なるがゆえに、仏の御苦労があったはずであるわいと気づくと、この苦労こそは、仏永劫の御苦労を現に眼の当たりに知らしてもらっておることであったかと知られて見れば、凡夫の疑いは溶かされて、案ずる心は解放せられるのであります。これが遠離であり、転であります。ここのところが招喚の声が聞こえたといいあらわすのであります。真実の仏心に体当たりした相であります。

ここに初めて三心即一《さんしんそくいつ》の信の一念、三心即一の行の一念があるのであります。この消息を明らかに知らせんとするのが『教行信証』の信巻の三心釈であります。「至心信楽己を忘れて、無行不生の願海に帰す」とはこれをあらわしたものであります。

このことを感じました時に思い出されたのは、昭和三十九年十月東京で開かれたオリンピックの大会で見た体操競技の一コマであります。ウルトラCといわれるものであります。鉄棒を握って選手は初めにあらゆる予備行動を続けるのでありますが、その最高潮に達した時に、思いきり力をしぼって前方へ進みます。その時はすでに鉄棒から両手を離しております。その余勢をかって、空中高く舞い上がって一翻転して着地いたします。その時選手が直立不動の姿勢に帰ることができなかったら減点せられるのであります。

選手が力いっぱいの力をふりしぼって前進する。その時はすでに両手を離しておる。これが至心のかたちで「たのむ」と名づけられるものであります。この時は凝視と悲歎の極限に達して、仏の衆生を哀愍する心と同質となっている。その余勢をかって空中高く舞い上がり、一翻転した相が信楽で「まかす」と名づけられたものであります。この時はすでに、そうであったのかと知ったその心は衆生の心を遠離して、仏心に転依《てんね》している。このかたちをなし終わって着地して直立不動の態勢を取ったのは、これから何度でも今なしおえた姿勢を繰りかえすことができるという態勢であって、憶念の心となっている欲生であります。この三つの姿勢が一瞬時に行われる。三心即一の「信の一念」はかくの如き相をしておるのであります。これは信の一念を分解写真として撮影してみたのであります。

15　凝視と悲歎の真人

今日は第四祖道綽禅師《どうしゃくぜんじ》の御教化にうつるつもりでいたのでありますが、昨日お話しいたしました後、何か気済みのせぬものが残っていて、心が落ちつかぬのであります。これはまだいい表すことのできんものが残っていたに違いありません。それで昨夜種々と考えてみたのであります。あなたがたもそんな気持ちが残っていただろうと思います。

それは、五念門の上からいえば回向門、五功徳門よりいえば薗林遊戯地門、第十八願からいえば欲生の問題であります。

人間の上にある知情意は皆不実功徳。因も不実、果も不実。これを不実功徳という。如来の方は、知情意の心業皆真実。因も真実、果も真実。真実功徳なるがゆえに、凡夫の不実功徳を摂めて真実功徳に変える（衆生を摂して畢竟浄に入る）。それでなければ真実功徳とはいえぬ。その変える相が薗林遊戯地門であり、回向であり、欲生であります。

ここまでは人間の考えで分別ができるが、それが実際に我身にかけて欲生を味わうことは実にむずかしい。それは回向ということも薗林遊戯ということもその真実の意を味わうことはむずかしい。そこには何ともすることのできぬものがわだかまる。すなわち不実功徳を真実功徳に変えようとしても如何としても変わってくれぬ「もどかしさ」がある。すなわち前に述べました、薄紙一枚の疑いである。これは、道理はいくら覚えても、心の実際は何としても動いてくれぬ。これは自分自身が実地に身にかけて行い、その真実そのものに体当たりする以外に方法がありません。冷暖自知する以外にありません。その薄紙一枚の疑いは、真実そのものに体当たりせんがために出てきたのであります。これが信巻の別序に「論家釈家の宗義を披閲《ひえつ》し……且《しばら》く疑問を至して、遂《つい》に明証《みょうしょう》を出《いだ》す」とあります。しばらく疑問を至して明証が出てくれば、三経の光沢である一心の華文《かもん》を明らかにいただくことができるのであります。この薄紙一枚の疑問を明らかにしない以上は、明証は如何にしても出てきません。

今この点を第十八願の三心の上において見ていきましょう。

第十八願の三心について、古来約法《やくほう》の三心と約機《やっき》の三心ということがいわれております。約法の三心とは、至心は南無阿弥陀仏の「まこと」であります（約法の至心）。その「まこと」は真実なるがゆえに疑いがありません（約法の信楽）。その疑いのない「まこと」

が叫びをあげたのが（約法の欲生）であります。それは、「欲生とは如来諸有の群生《ぐんじょう》を招喚したもう勅命なり」と釈せられておることで明らかであります。その約法の欲生が叫びをあげたその招喚の声が凡夫に届いたのが約機の信楽となったのであります。それは、「欲生は信楽を体《たい》とす」と聖人が釈せられておるのでもよくわかります。ただここに注意すべきことは、「体とす」ということであります。欲生の本体が信楽であるように受け取りやすいのでありますが、この信楽の体ということは哲学上でいう本体の意味ではなく、「表現体」で、表現したすがたを体というのである、と先覚は教えられました。すると欲生の表現が約機の信楽で、その約機の信楽の表現が約機の至心で、至心の表現が尊号であります。

　これが機に約した至心信楽でありますが、ただここに不審なのは、約法の欲生と約機の欲生との関係であります。すなわち約法の至心信楽が約機の至心信楽となるところに約法の欲生が成立することは、前に述べました回向の問題、薗林遊戯地門の問題で、如来の行、如来の功徳がそのまま衆生の上にくりかえされることでよくわかるのでありますが、ただ約機の欲生はいかになるかは判明しません。普通、人間の常識で考えると、約機の信楽が浄土に生まれんとする欲生になるんだと考えられますが、なるほどそれにまちがいはありませんが、しかしそこに人間の久遠劫来のまちがいを引き起こすのであります。すなわち浄土へ生まれんと思う考えが、いつの間にか自力の回向心にすりかえられることがあります。欲生は名目を変えれば回向心であります。自力の回向は約機の欲生に紛れやすいのであります。従って約機の欲生は、何とかして浄土に参りたい、何とかして仏になりたいという自力運想の欲生に変形しやすいのであります。そこに何とかしてはっきりしたい、何とかして安心したいという自力回向の心が働くのであります。これが、何としても自分の力をもっては除去することができず、またうごかすことができません。ここが信巻の「無上妙果の成しがたきにはあらず、真実の信楽実に獲ること難し。何を以ての故に、仍《いま》し如来の加威力によるが故に、大悲広慧の力によるが故に」と仰せられたのはこれであります。

ここに凡夫は離れがたき自力の執念の深きことを凝視せねばなりません、凝視すればするほど悲歎せずにはおれません。

その凝視と悲歎の極限において、初めて如来永劫の御苦労を感得するのであります。ここに初めて疑心を遠離して、如来大悲の恩徳に転依して大安心があるのであります。

しかし、抜き難き自力運想の人間の分別智は、そのことを知れば、我すでに知れりというところを把握して離すまいとします。これは大きなる邪見驕慢《じゃけんきょうまん》であります。離れ得たりと思いし自力の疑いは、すがたを変えていっそう強き疑いとなっていたのであります。これが約機の欲生が自力の回向心にすりかえられた相であります。

それで人間は、うれしければうれしさに執着し、ありがたければありがたさに執着する。薄紙一枚の疑いは何ぞしらん、千枚張りの疑心の渋紙となっているのであります。

この心は、仏の欲生の諸有の群生を招喚したまう勅命を絶対に受けつけません。これが先に述べました比丘の滅尽三昧《めつじんざんまい》で、菩薩の無相三昧にならぬところであります。

雨は降る降る人馬は濡るる
越すに越されぬ田原坂
来いというたとて行かれよか佐渡へ
佐渡は四十九里波の上
佐渡と柏崎竿さしゃ届く
何故に届かぬ我が思い

この不可能を可能とする道が、世界のどこかになければならぬ。それが回向の問題であり、欲生の問題であり、還相《げんそう》の問題であります。

人間の自力の執念は、如何としても抜きがたい。わが両手をもって大千世界を挙ぐるよりも重い。ここに人間の万策は尽きて、ただ茫然自失、深き自力の執念を歎《なげ》かざるを得ません。

その歎きが限界に達した時、この歎きは凡夫の歎きか仏の歎きか区別のできぬところまで高められるのであります。

ここまできて初めて諸有の群生を招喚する約法の欲生心が我等の上にきたって、自力回向の欲生心を如来の欲生心に転ずるのであります。

すなわち深き自力執念の悲歎の極限において、純粋主観の欲生心を見出し、それが純粋客観の如来の欲生心に転じたのであります。そのためにこの一大事を成し遂げた仏の大悲満足の心がそのまま凡夫の大悲満足の心となったのであります。

それで自力回向の心は、いかにしてもこの一大事を成就することは不可能であって、ただ願力回向のみがこの一大事を成就することが可能なのであります。それはなぜか。それは凡夫の自力心は自是他非《じぜたひ》の心で、他を排斥する心だからであります。これに反して如来の願心は十方衆生を一人も排斥することなくすべてを受け入れんとする心だからであります。仏の欲生心は常に一切衆生の上に入らんと志しておられるが、衆生の不実功徳がじゃましておるのであります。それでその不実功徳を悲歎せずにはおれません。その悲歎するところには、いつでも真実功徳は満入せらるるのであります。その悲嘆する心こそは、仏の悲歎したまう心であったからであります。その仏の悲歎の心には常に凡夫の不実功徳を遠離し転依せしむる心をもっておるからであります。二種深信《にしゅじんしん》はこの意味を表現するものであります。そこで体当たりを感ずるのであります。これが真宗における実践道でありま す。そこにはただ広大無限の世界を感得するのであります。それは如来真実の欲生心が、凡夫不実の欲生心を照らして不実を明らかに知らせ、しかも如来真実の欲生心にまで高めた勝鬨《かちどき》の声と、歓喜の情をそのまま凡夫が感得する、そこに体当たりの感を生ずるのであります。

昭和四十年十二月

◎田原坂の古戦場を望見して

　敵となり、味方となるも田原坂

　　つくせし誠のみ馨るなり

◎内の牧温泉にて阿蘇の霊峰を望んで

　御仏の涅槃のすがたそのままに

胸のあたりに　猶煙り吐く
雲晴れて登らんとせし阿蘇なりし
雲晴れぬれば阿蘇は来にけり

16　不可能を可能とするもの

前講に、如来真実の欲生心が凡夫不実の欲生心を照らして不実を明らかに知らせ、しかも如来真実の欲生心にまで高めた勝関の声と歓喜の情が満足大悲の信心であると申しました。その点を、今少し具体的に検討してみたいと思うのであります。

凡夫の世界はどこまでいっても虚仮不実《こけふじつ》であります。仏の世界はどこまでいっても清浄《しょうじょう》真実であります。そこには実に確然たる違いがあります。しかし凡夫はこの虚仮不実に満足することのできんものをもっております。その満足できぬ心は何所からきたかわかりませんが、とにかくどんな人間でも人間の現状に満足のできんものをもっております。それが、仏の世界を求めずにはおれぬこころとなるのであります。しかし凡夫は仏の世界を求めても、仏の世界に到ることはどうしても不可能であります。「願力成就の報土には　自力の心行《しんぎょう》いたらねば　大小聖人みなながら　如来の弘誓《ぐぜい》に乗ずなり」。それは凡夫は自是他非の心で、他のすべてを排斥する心が中心となっているからであります。仏の心は、他のものを排斥する心ではなくて、平等一如の心で一切を受け入れる心であります。ゆえに仏の心は凡夫の世界に来ることが可能であります。凡夫はいかにしても、仏の世界に到ることのできぬことを悲歎せずにはおれません。しかしこの悲歎こそは、実は凡夫がこの不可能であった仏の世界へ一歩、不思議にも踏み入れた相であります。すなわち不可能が可能となった第一歩、それが至心《ししん》のかたちであります。この至心のすがたをがっちり受け止めて、この歎きこそは、仏の凡夫を歎きたもう相であったのかと転依したのが信楽《しんぎょう》のすがたであります。それが言葉を換えれば、仏の至心信楽に凡夫が抱きかかえられた、凡夫の上に起こった至心信楽の相であります。すなわち言葉を換えれば仏が凡夫の世界に下った相であります。すなわち如来回向の至心信楽であります。

その至心信楽が、今一段と切実な相となってあらわれたのが欲生《よくしょう》であります。

先にオリンピックにおける体操競技のウルトラCにおける着地の際に取った直立不動の姿勢が、今までの技術の粋を繰り返すことのできる態勢で、これが欲生の形だと申しました。すなわち欲生とは今までの至心信楽の中味をくりかえす形であります。

欲生の心がまず、凡夫の上におこってきますと何か不純なものをもっております。それは至心も信楽も、初めて凡夫の上に起こったものは皆不純を含んでおります。その不純性を凝視する所に悲歎が起こって、そこに遠離《おんり》と転依《てんね》の相が起こって、それによって純粋なる至心信楽が起こることはしばしば説いてきたところであります。その形が、また最後の欲生の上に起こってきたのであります。すなわち至心信楽の問題が欲生の問題に結帰したのであります。

欲生とは欲生我国でありますから、弥陀の仏国に生まれんと思う心であります。すなわち浄土往生ということであります。ゆえに浄土往生とは人間至奥の願であります。ゆえに浄土往生とは人間至奥の願であり、また人間最高の願であります。

その人間最高の、また至奥の願にも、ついてきた不純性があります。これを見破ることは、実に容易なことではありません。それで普通一般はこの最高至奥の浄土往生というところまでくると、そこに終止符を打ってそれ以上は探究することはしなかったのであります。しかしその最高至奥の浄土往生に終止符を打つことができずして、その浄土往生についている不純性を見出して、純粋性を打ち立てたのが曇鸞であり、親鸞であります。

普通、人間のもっております浄土往生の考えは、自我の享楽の上に浄土往生を見たのであります。それを凝視する時に、人間はいかに自我の心の強きかを悲歎せずにはおれないのであります。その凝視と悲歎の極まるところに、人間のもっている往生浄土の世界より今一段と高き浄土を見出した。ここに遠離と転依の世界があったのであります。その浄土こそ、凡夫の考えている浄土と違う、仏の心にある浄土であります。仏の欲生我国とは、この高次の浄土に生まれさせせんとの願でありました。

ここに気づく時に、初めて仏の欲生我国と私の願生彼国とが一つのものとなったのであります。すなわち約法の欲生と約機の欲生とが一つとなったのであります。従って仏の満足大悲が凡夫の満足大悲となったのであります。すなわちそれは、人間最後のもっとも深い無明を破ったのでありますから、それ以前の一切の無明は悉く摧破《ざいは》できぬものはありません。ここに仏の上にある至心信楽欲生と凡夫の上にある至心信楽欲生とが全同の三心即《さんしんそく》一《いっ》の一つの信心となったのであります。それで弥陀の正覚《しょうがく》が、そのまま衆生の往生となったのであります。その一心の信心を見出したことは、如何に大きな喜びであったことでありましょう。すなわち「且《しばら》く疑問を至《いた》して、遂に明証を出した」のであります。何が思い違いが大きいというて、極楽に参った時ぐらい、思い違いの大きいものはないとはここの意味をあらわすものであります。

弥陀の五劫思惟の願をよくよく案ずれば、ひとえに親鸞一人《いちにん》がためなりけり、さればそくばくの業《ごう》をもちける身にてありけるをたすけんとおぼしめしたちける本願《ほんがん》のかたじけなさよ。

と述懐せずにはおれなかったのであります。

風雪に堪えて咲き出し紅梅の
色と香に鶯の鳴く

昭和四十年十二月五日
上官町真光寺にて

17　欲生、回向、還相

前講でお話し致しました至心信楽欲生において、欲生は至心信楽の結帰するところで、また至心信楽が今一段と切実な相となったのが欲生だと話しました。その点を今度は『論註』の上に見たいのであります。

次頁の図に示すように、これは上巻下巻に両通しておるのでありますが、便宜上『論註』の上巻において五功徳門《ごくどくもん》の内容を見ていき、下巻においては五念門《ごねんもん》の内容を見ていきましょう。上巻の近《ごん》・大《だい》・宅《たく》・屋《おく》の前四功徳を、如何にして利他回向するかに思惟と修行が必要であったのであります。それが入一法句《にゅういっぽっく》の念仏として渡さんとせられたところに、薗林遊戯地門《おんりんゆげじもん》は成就したのであります。また下巻の五念門においては、礼拝《らいはい》・讃嘆《さんだん》は十八願では至心であり、作願《さがん》・観察《かんざつ》は信楽に相当します。その至心信楽が欲生になる過程において、いっそう強き凝視と悲歎とが必要で、それによって至心信楽が諸有の群生を招喚する勅命となって衆生に渡さんとせられた、これが欲生であります。即ち礼拝・讃嘆・作願

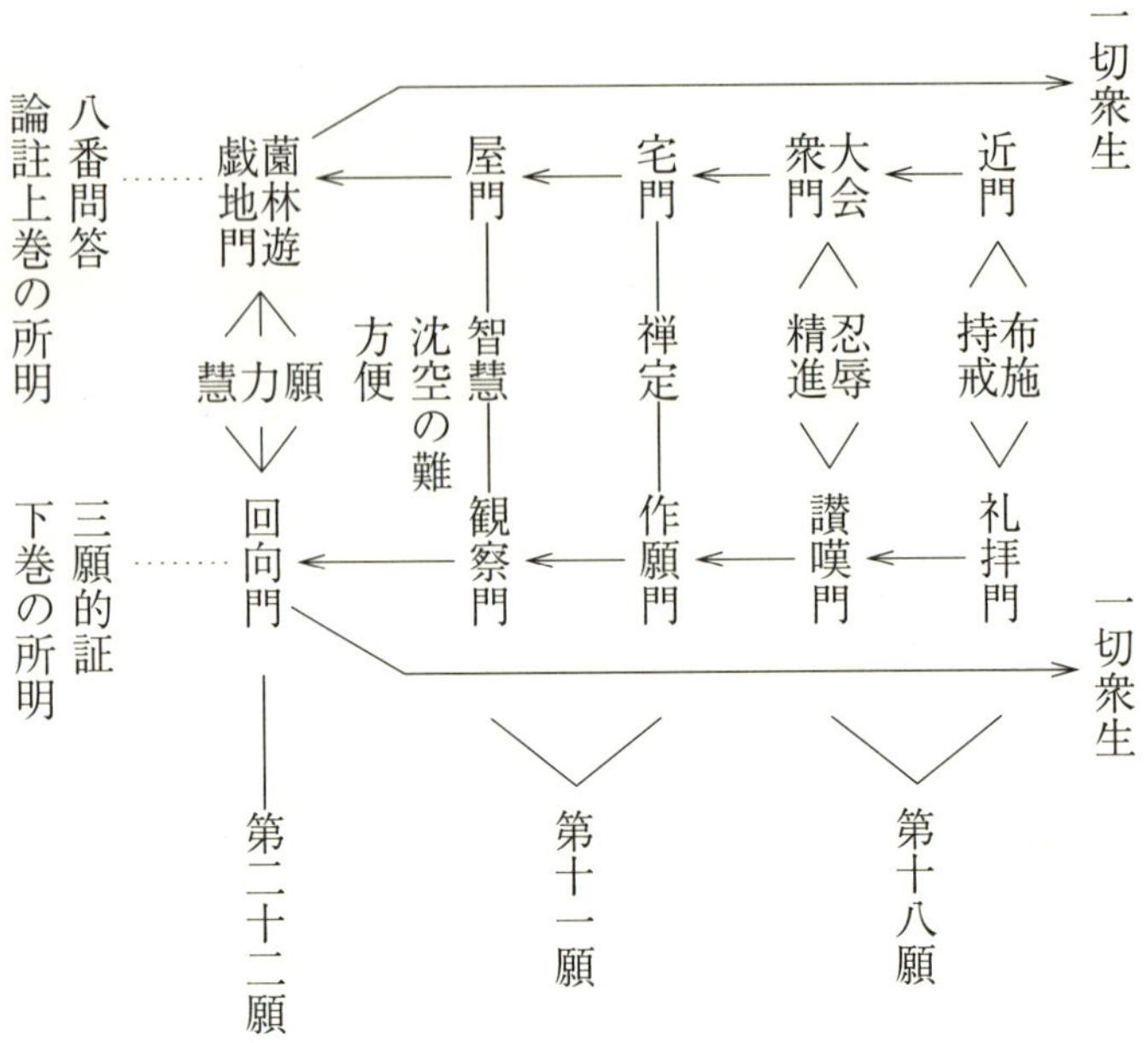
一切衆生
近門
布施
持戒
礼拝門
大会衆門
忍辱
精進
讃嘆門
宅門
禅定
作願門
屋門
智慧
観察門
沈空の難
方便
薗林遊戯地門
願
力
慧
回向門
八番問答
論註上巻の所明
三願的証
下巻の所明
一切衆生
第十八願
第十一願
第二十二願

・観察の四念門が勅命として一切衆生に渡された、これが回向門《えこうもん》が成就したのであります。これによって因の五念門も自利々他満足し、果の五功徳門も自利々他満足して、一心帰命の信心は十方世界に普く流行することができるようになったのであります。それで五功徳門においては救われざるものなきことを示すために八番問答を設けて知らせ、もって上巻は結んであります。

因の五念門においては、礼拝・讃嘆を第十八願に摂し、作願・観察を第十一願に摂め、回向門を二十二願に摂めて、この五念門が四十八願をあらわすもので『無量寿経』の真実功徳相に相応するものであることを詮表せんとして三願を的証したのであります。これが『論註』下巻の所明であります。

この果の五功徳門の近門に、仏荘厳八種を摂め、大会衆《だいえしゅ》門に菩薩荘厳四種を、屋門宅門に国土荘厳十七種を摂めて、それを五念門の上に具足せしめて、一心帰命の安心の上に領受し、一切衆生と共に安楽国に生ぜんと願われたことが『論註』の御意であるとうかがうのであります。

如来の作願をたずぬれば　苦悩の有情をすてずして　回向を首としたまいて　大悲心をば成就せり。

如来悲心の切なるものが回向に集中し、一切衆生を悉く救わずんばやまぬの願心の切なるものが薗林遊戯地門に集中したのであります。

18　純粋主観と純粋客観

前講の上に第十八願の至心信楽欲生の三心の中、至心信楽は凡夫の知解でも押して行けるが、欲生だけは凡夫の知解では、凡夫の分別、計らいでは押して行けぬ。これは自分が実地に体験して行くよりほかに道がない。これは真宗における実践道であります。

この欲生が天親菩薩においては、回向門となり薗林遊戯地門の還相《げんそう》となると話しました。その還相は一度浄土に行かなければ出て来られぬ世界である。というのは、仏の方からでないと凡夫の方からはいかにしても行かれぬ世界で、ただ仏の方からだけ来て、凡夫を仏の世界へ連れて行くことができる世界、これをあらわすために還相は一度浄土に参って再びこの娑婆に帰ることであるといいあらわしてあるのであります。

このことを「往還の回向は他力に由る」といわれたのであります。この信《しん》一つが正定《しょうじょう》の因で、正定の因は唯この信にかぎるのであります。「惑染《わくぜん》の凡夫《ぼんぶ》、この信心を発すれば証《しょう》知生死即涅槃《ちしょうじそくねはん》」で、この生死の世界にありつつそのまま涅槃の世界を証ることができる。

この仏回向の無量光明土がわかる。それが仏の世界に到ったのだから諸有《しょう》の衆生を普く化することができる。助からぬものは一人もない。そこに親鸞聖人の感激がいかに大きかったかがわかります。

この欲生、回向、還相の問題がぼんやりしていると、真宗の教えは明らかとならぬ。教えがありはするけれども、何かぼんやりしたところが残ると思います。それはちょうど「チョウツガイ」の真中の心棒が抜けたようなもので、凸板もある、凹板もあるが接触すれば、寸時の間はとまるけれどもすぐはずれてしまう。

それでうごかぬように真中に心棒を打ち込みたいのだが、自力回向の心棒は、打てども打てども抜けてしまう。何で抜けるか。それはその心棒に自力回向の執心が凝結して、あらんかぎりの力をそそいでおるからであります。その自力回向の甲斐なきことを繰り返して失敗する時に、その甲斐なき自力回向の試みを照らす今一段と高き光があるのに気づくのであります。その光に照らされて自力無効《じりきむこう》と知る時に、初めて他力回向《たりきえこう》の欲生の心棒が凡夫の心の中に打ち込まれるのであります。この心棒は大願業力《だいがんごうりき》の心棒でありますからだいじょうぶ、それで初めて仏は自由に凡夫の世界に入り、しかも凡夫を摂取《せっしゅ》して仏の世界に連れかえることができるのであります。そこで凡夫の自力回向の心は寂滅《じゃくめつ》して、我を束縛することができぬようになる。そこに往生浄土の広々とした解脱《げだつ》の世界が出現するのであります。これが心広く体ゆたかなりの心境が開けてくるのであります。

その微妙な用きを、冷徹なる目をもって詳説したのが信巻の三心釈であります。それは仏教々理の核心をついておるのであります。

ちょうど今から十年ほど前、証巻を話しておりました時、私のメモの中に当時見た夢の話が記してありました。それを今見出して味わっておるのでありますが、昭和三十年六月十日夜と記してありました。

私の眼前に黒い川が滔々《とうとう》として流れている。側の人が私に、

「これが地獄というものだ」

というております。私はこれが地獄かいなと茶化した気持ちでおると、その人は、

「汝は何の気なしに見ておるが、その地獄をよく見つめよ」

と申します。それでその黒い川を見つめておりますと、その黒い川の中に白い顔が、くるくると浮きつ沈みつして川下の方へ流れて行く。何か見おぼえのある顔だがと見ておると、何ぞしらん、それは自分の顔であった。

私はぞっとしました。しかしそのままた寝入ったとみえます。

今度は、赤い濁流が滔々として流れている。また先の人が、

「これが地獄だ。汝はただぼんやりとして見ておるがもっとよく見つめよ」

と申します。すると今度は赤い濁流が渦巻く中に、円い顔が浮きつ沈みつして川下へ流れていく。よく見ると、何ぞしらん、それがまた私の顔である。

ぞうっとして今度は、はっきり夢から覚めた。よほど感じたとみえましてメモの中に記してありました。

自分の迷いを、じっと真剣に眺めているものがある。迷うておる自分を、ほんとに見つめている自分がある。迷うておる自分がほんとの自分か、またそれをじっと見つめている自分がほんとの自分か、区別がつかぬ。区別はつかぬが、しかも厳然として二つに分かれている。その見つめている自分こそ、ほんとの自分でこれを真我《しんが》とも名づけております。浮きつ沈みつしておる自分は、迷いの自分である。その見つめている真実の自分を純粋主観と名づけます。真我といい大我と名づけられておることもあります。その真我は、純粋主観なるがゆえに自分ではあるが、自分としてはあまりにも高貴な自分である。だからそれは自分ではない。それでそれは純粋客観とも名づけられます。

石見《いわみ》の浅原《あさはら》才市《さいち》同行が

あさましいのもあなたでわかる
あなたなければわかりゃせぬ
南無阿弥陀仏　南無阿弥陀仏

その純粋客観と名づけられる辺が、如来と名づけられるのである。如来は純粋客観なるゆえに迷いの自分を涙をもって見るのであります。

その純粋主観の自己が出てきますと、今までの迷いの自我はどこかへすがたを消して、大きな世界のみが広々として現われてくるのであります。これが真実の無我であります。欲生の実践道はかくのごとくして感得するのであります。

この風光を平易な言葉で、大きなお慈悲に煩悩が救われたというのであります。

観彼世界相　勝過三界道
究竟如虚空　広大無辺際

「チョウツガイ」の心棒のしっかり通された欲生の問題は、かくのごとくして実践の上にあらわれてくることと思います。

19　人間性の変革

第十八願の至心信楽が欲生となるところに、なにゆえに難関を感ずるのであろうか。五念門の礼拝・讃嘆・作願・観察が回向に転ずるところ、五功徳門の中、近・大・宅・屋の前四門が薗林遊戯地門に転ずるところに、なぜに難関を感ずるものが起こってくるのであろうか。これは、人間の普通もっている常識的思考形式より、高次の思考形式に移るところの難関であろうと思います。

「非常の言は常人の耳に入らず、これを然《しか》らずとおもえり、またこれ宜《むべ》なるべし」とは、この消息を示すものでありましょう。

人間の常識では、諸法《しょほう》は常住《じょうじゅう》と考え、諸法は有我《うが》と考えております。ゆえにいつでも、常一主宰《じょういつしゅさい》のいつも変わらぬ、思い通りになる、あるものがあると考えております。この考えをうごかすまい、うごかすまいと必至になって力んでいるのが人間の常識であります。しかし実際は、諸行《しょぎょう》は無常で諸法は思うようになりません。そこに難関があるので、このに諸法は無常であったと知り、諸法は無我であったと知るところに難関を通して、真実の寂静《じゃくじょう》の救いが出てくるのであります。

この点を唯識《ゆいしき》縁起の上より見ていきましょう。もっともこの唯識縁起は現今日本に行われておる新訳によるものでなく、世親、安慧、真諦等の説かれた旧訳の唯識を西欧の学者の研究によるものといわれておるものから考えていきたいのでありますが、詳細に立ち入ることはでき得べくもありませんが、ただその外郭を通して見ていきたいと思うのであります。

人間はこの眼をもって山河大地を見ておると常識では思っております。これは至極平凡なことでありますが、もしこの山に金鉱があるとしたならば、この山を見る見方はずいぶんと違ってくると思います。すぐ我執《がしゅう》、我所執《がしょしゅう》がついて参ります。そこに争いも起これば策略もついてくる。百鬼夜行の世界もそこから起こってきます。その点を能く見つめるのであります。山は、山と眼と見るはたらきとの三者がよって山があるので、見る眼と見るはたらきがなかったなら、実体的の山はない。また山はあっても見る眼と見るはたらきがなかったら山はあってもないと同じことであります。かく知られると山に対する執着はありません。子があって父があり、父があって子がある。ただポツ然とした父もない、子もないと同じことであります。すなわち縁起の上にあるものであります。

ところが、そういうことを知ったその意識を、無上の力をもっておると考えます。これが人間意識の上についてくる自信過剰であります。

自信過剰になりやすい、しかしその意識も常住不変のものではありません。昨日是《ぜ》とした所を今日は非《ひ》と考え、また極睡眠と気絶の時には、はたらきがなくなります。やはり無常であり、無我であります。それでも何か人間はどこかに常一主宰の我がなければならぬと考えます。この考えが遂に末那識《まなしき》を見出したのであります。これは常住不断に我《が》あり我《が》所《しょ》ありと執着しております。その我執をみつめていきますと、分別起《ふんべつき》の我執もあり、意識の上にのぼらぬ我執もあります。利害得失の打算から起こるような我執は分別起の我執であり、地震の時に我一人脱れ出でようとする我執は倶生起《くしょうき》の我執であります。それは如何ともすることのできぬ我執、そういうふうになさしむる我執が人間の心の底に流れております。それで人間は、何を見ても何を考えても心の底に我執のついておることに気づかねばなりません。それで人間は真実を見ることができません。そういう末那の我執が縁に触れて、猛威をたくましくして、すべてをぶちこわす。それが何としてもしてみようのないところに、人間の破綻というものも出てくるのであります。それをじっと見ていきますと、その我執をなげかざるを得んものが出てきます。これが阿頼耶識《あらやしき》であります。

それで阿頼耶識は、山河大地等の五境《ごきょう》も、これを認識する五識も、これを統合する意識も、またその底にある常住不断についておる末那《まな》の我執も、またこれを悲嘆し凝視するものも、全部もっているのが阿頼耶識で、これが人間の主体であります。宿業《しゅくごう》といわれるのも、この阿頼耶識であります。ゆえに阿頼耶識は自我の我執をはっきりとうけとめて、これを凝視し悲歎するものであります。この凝視と悲歎のところに我執は遠離せられ、転依せらるる。ここに真実の救いがあります。これが真妄交徹《しんもうこうてつ》の相であります。それがわかると、山河大地はもとのままの山河大地で、人間に何等の束縛を与えません。耳眼等の識もあるがままに認識して何等の束縛を受けません。ただ柳は緑、花は紅で、そのまま是認せらるる。そこに実相があります。縁起の法則を識と境の上において検討して、識の主導権を見出したのが唯識縁起であると思います。これがわかってきますと、自我の我執の束縛から離れることができます。これが「三界唯一心《さんがいゆいいっしん》、心外無別法《しんげむべっぽう》」であります。

これが真宗でいう、宿業の自覚であります。宿業の自覚には、宿業を自覚せしむる本願の光がついておる。宿業をほんとに知ったのが本願を信じたのであります。本願を信じたとは、宿業を自覚したことであります。

この高次の世界がわからぬから、宿業といえば恐れをなし、本願といえば架空的な空華を連想するのであります。

そうではなくて、煩悩具足と信知して本願力に乗ずる差別即平等の世界で、先に述べました純粋主観と純粋客観の世界は、この宿業と本願をあらわす世界であります。

その純粋客観の世界が如来の願心《がんしん》といわれるもので、その願心に気づきますと、願心の世界を表現する体があります。これが仏身で、仏身があれば仏身荘厳《しょうごん》の「土《ど》」がなければなりません。これが浄土であります。

このことがわかってきますと、それが凡夫の心に仏心をいただいたのでありますから、凡身の転成も必ずついてきます。それが「染香人《ぜんこうにん》のその身には香気あるがごとし」とも、また「信を得し人は見るから貴し」ともいわれたのであります。従って、この業感の世界も願心荘厳の世界に転成すべく浄土に近づきます。これを正定聚《しょうじょうじゅ》といわれました。ここに唯識教学はただ論理の学でなく、人間性の変革を志してなされた教学であることを知るのであります。

この点を往生浄土の問題について考えて見ますと、西方浄土に参るという凡情を、もっとも知的に解決したのが先に述べました欲生の問題で、これを明確にしたのが曇鸞であり、親鸞聖人であったのであります。またもっとも論理的であり知的といわれた唯識教学の上に、最後に見出したのがもっとも情的な宿業の問題であったのであります。

親鸞聖人は、もっとも知的にしてもっとも情的なる聖人であったことが、窺われるのであります。この高次の思考形式を教ゆるものが仏教であり真宗であります。

果てしなき業の旅路を独り行く
　招喚の声にしばしほほえむ
幾山河流転の旅の悲しさは
　この本願にもうあわんため
泣きぬるる、日のあればこそしのばれる
　誓願の山　本願の海

昭和四十年十二月十日

三川町光明寺において

20　悪人の放つ光

数年前東京で世界宗教者会議が開かれました。その節、京都の東本願寺の枳殻邸《きこくてい》で、出席の欧米の学者が、真宗でいう悪人正機《あくにんしょうき》の教義は納得ができぬ、ことに『歎異抄』の「善人なおもて往生をとぐ、況《いわ》んや悪人をや」ということは如何にしても了解することができぬという批判が出たということを聞きました。

人間の普通の常識からいえば、善悪は自己の自由意志によって実行できるものと思っております。善は自由に行われ、悪は自由に止めることができると考えております。

人間が平穏無事な時には、それが可能であるように思われます。しかし人間生活をよく見つめますと、善を欲しつつ悪を行い、悪は止めようと心掛けつつも、事実は悪をなしておることがずいぶんにたくさんあります。

人間は、自由に悪を離れ、善を思うがごとく行うことができたなら、そこに喜びがあるのであります。しかし、実際は思うがごとくにならぬところに悲しみがあるのであります。

それで、この善悪について種々の考えが起こってきました。運命論もその一つでありまず。善悪はなるようにしかならぬから、どうでもよい放縦主義の考えであります。それは東洋でも西洋でも考えたことであります。信巻の『涅槃経』の中の六種外道《げどう》の中にもこの考えがあります。釈尊は自分は精進論者であるから、運命論の宿作外道ではないとしばしば説いておられます。

それで仏教は宿作外道とは違うのでありますが、事実は善悪が自由に行えるかというと、事実は思うがごとく行えないのが実際であります。それで『摂大乗論《しょうだいじょうろん》』では、現在の果は過去の業によるゆえに変えることはできぬが、未来に対しての善悪は自由であると考えるようになったのであります。これは一応納得ができます。しかし人間は納得がいきますと、すぐそこに執着して自信過剰となります。そこに必ず思いがけないまちがいを引き起こすのであります。それでその自分の知った論理をもって、自分を是とし他を非として、他を屈服しようと考えます。観念論の律法主義であります。それで人間のすることは毒がついてきます。先ほど唯識の上で話しました第六意識の辿る道を、必ず辿るのであります。それで他人の過失に対しても何の思いやりの心もなく、汝の過去の宿業のあらわれであると冷然たる批判を下して、我れ仏法者なりと驕慢の天狗となりやすいのであります。これ運命論の放縦主義は離れたれども、その反動として観念論の律法主義になり下がったのであります。

そこまで考えて参りますと、自己の少しばかりの善をも自信過剰し、過大評価せんとする自己の愚かさに気づくのであります。そこにこんな自分であってみれば過去もそうであったが、未来に対する行為にも思い通りになることはあるまいと気づかずにはおれません。「自身は現に罪悪生死《ざいあくしょうじ》の凡夫《ぼんぶ》、曠劫以来《こうごうよりこのかた》、常に没《もっ》し常に流転《るてん》して出離の縁あることなし」と深信《じんしん》せざるを得ません。

それは、どうなるかわからんと知るのでありますが、それはどうなってもかまうものかという、捨鉢的な運命論とは異質のものであります。

それは先に話しました純粋主観であります。それ自身ではあるが、自身としては、あまりにも高貴な自身に気づいたのであります。それは言葉を換えていえば、迷いの自我が自我以上の自己を発見した相であります。自我以上の自己とは、純粋客観の如来であります。ゆえに純粋客観の如来とは、純粋主観を離れた架空的な如来ではありません。その純粋客観に見出された純粋主観の、叫びをあげた驚きの声が、なるようにしかならぬという『歎異抄』における悪人の自覚であります。ゆえに純粋客観の如来も、純粋主観の衆生を抱きしめた如来であります。「彼の阿弥陀仏は四十八願をもって衆生を摂受《しょうじゅ》したまう、疑なく慮《おもんぱか》りなく彼の願力に乗じて定んで往生を得と信ず」とある、衆生を摂受しておる如来であります。架空的なぼんやりした如来ではありません。

機の深信《じんしん》と法の深信とは、二つあるけれども一つである。一つであるけれども、厳然として二つにわかれている。二種一具である。一つなれども厳然として二つにわかれている。主客未分の世界、それは無分別智の世界、差別即平等の世界、煩悩具足と信知して本願力に乗じた世界、それこそ人間の救いの世界であります。

その相が、もっとも具体的に我等の上に端的にあらわれ出ておるのが、お念仏であります。

お念仏は、私が口に称えております。それは私のものであります。しかもよく凝視すれば、凡夫が口にするにはあまりにも貴い念仏であります。凡夫の口には人の悪口を言いはするが、他人を心から讃めることはない。その凡夫が、我《わ》があさましさを見つめつつ、仏の功徳を讃歎する念仏を申しておる。そういうお念仏なれば、おそらく仏の方より称えさせられているのに違いありません。称えさせられて、我が口に称えている。凡夫のものか、仏のものかわけられぬ、そんな高大な念仏を、何のこだわりもなく行住坐臥に称えている。

しかも称えつつも、称えておることさえも心にかからずして称えている。それなればこそ、お念仏が大乗の行であって、絶対不二《ふに》の法であります。二種深信のそのままが念仏となっているのであります。

こういう風に考えていきますと、どうでもよいわいという放縦主義でもなく、そうではないと他を見下げる律法主義でもない、それらを越えたところの、もはや善悪をあげつらうことのない、「さればよきことも、悪しきことも業報《ごうほう》にさしまかせて、ひとえに本願をたのみまいらすればこそ他力にてはさふらえ」という広い世界が出てくるのであります。ここに善悪を越えた真の救いの世界があるのであります。

それがわかりませんと、『拾遺古徳伝』の耳四郎の話にしても取り違えられます。耳四郎は法然上人の教えをききつつ、過去の宿業の引くところによって、なすすべもなきまま悪事が止まなかったとあるを、ある人は、それは本願ぼこりであると叱責し、ある人は悪人正機の教えゆえにこれでよいのだと許可するのであります。

この場合、叱責する方も許可する方も、共に自分の心を反省してからでないとどちらも間違ってきます。自己の善を誇示せんという考えが根本にあって叱責しますと、聞いた方が反発します。それで救いの世界は出てきません。許可するものも、自己の持っている悪に助け船を出そうという考えが根本にあって許可しますと、聞いた方は邪見となっていよいよ悪をますようになります。それで真の救いにはなりません。叱責する自信過剰の意識でも、許可する我執我所執の末那識でも、真実の救いはどちらでも出てきません。ただそのまちがいを、まちがいとはっきり見つめてこれを悲歎し遠離する阿頼耶識まで問題を深めませんと、真の解脱は出てこないのであります。ここにきて初めて真妄が交徹するのであります。

耳四郎は念仏申しつつ悪が止まらなかった、と具体化して書いてありますが、しかし人間の心のうごきを見れば、善を求めて善をなし得ず、悪を恐れて悪を離れ得ざる相を見ていきますと、誰かこの耳四郎に代わるものがありましょうか。ここまで思いつめました時に、善悪ともに業縁によるものだと見られたのが親鸞聖人であります。

『拾遺古徳伝』に出ております耳四郎の現代版が、作家真継伸彦の『鮫』という小説であります。応仁の乱時代、越前の日本海に生まれた鮫という青年は、食糧に困って祖父と上京を志します。途中祖父は餓死する。ただ一人京都への旅を急ぐ鮫は女盗賊と道連れとなる。この女賊は食事時分になると小脇に持っている袋から肉を取り出して自分も食べ鮫にも与えます。その肉は餓死した人肉を切り取ったものであります。さるべき業縁のもよおせばいかなる振舞いもすべしという、『歎異抄』の記述がげにもと頷かれます。遂に京都へ上った鮫は不良化の道を辿って最後に尼寺に強盗に入り、若き見玉尼に暴行を加えようとしたことが動機となって、遂に道を求むるようになった。これが小説『鮫』の筋書きであります。

それで人間は、自分は絶対に悪はしないという保証はできないのであります。それにもかかわらず、人間は絶対に善人であると考えたのであります。しかしよくよく人間の相を見れば、善人であるといえないものをもっております。「自心我身に貪著《とんちゃく》する」といわれる自我の主張と、「自楽を求むる」という自我の放縦と、「我身を恭敬供養せん」とする自我の尊大と打算、これが人間の偽ることのできぬ相であるからであります。

ここまで考えおよびますと、人間の誰人か極重悪人ならざるものがありましょうか。それを、それと知らずして自是他非と考えて尊大に構えているだけであります。その人間の真相を誤魔化すことなく、凝視するのであります。そこに必ず悲歎があります。悲嘆するところには、遠離と転依があります。

自我の主張を凝視し悲嘆するところに、人間は初めて謙虚となることができるのであります。自我の放縦に気づく時に自粛自誡の心が起こってきます。自我の尊大と打算を離れ得ざる自己を見れば、万人は軽蔑せられるものはなく尊重せらるべきであるということがわかります。ここに初めて人間の完成があるのであります。

ここに悪人正機の教えは光り輝くものとなったのであります。池田前首相の人作り、佐藤首相の期待せらるる人間像は、かくしてでき上がると思います。ここまでいきませんと「善人なをもって往生をとぐ、況んや悪人をや」という『歎異抄』第三章の心は、いただけんのであります。まことに真妄交徹の相を、極限まで発揮したのが真宗の教えであります。しかもそこに大調和の音楽を奏でておるのが、お念仏であります。

（一）弥勒菩薩に咲く花も
私のこころに咲く花も
花に変わりがあるぢゃない
みんな眺むりゃ正定聚

（二）好きで好きでだい好きで
死ぬほどすきな自力でも
弥陀と言う字にゃ勝てやせぬ

泣いて別れた河原町

（三）わしがわしがの横着で
そろばんだかい私にも
なにかこのごろいとおしい
あなたの誠が通うのか

（四）愚痴な私に気がついて
人の誠が身にしみりゃ
日々のつとめもまめやかに
こんな私じゃなかったに

（昭和三十九年十二月、大晦日
孫等の歌う「御座敷小唄」を聞いて）

21 現在の救い、過去の救い、未来の救い

道綽禅師の『安楽集』に、『観仏三昧経』を引いて、釈尊が父の王に対して念仏三昧をすすめられた。その時、父の王が仏法は真如実相、第一義空を説くことが大切であるのに、なぜに念仏三昧をすすむるのであるかと。仏、父王に答えられた。真如実相は深妙の法であるから凡夫のできるところではない。それで念仏三昧をすすめるのであると。すると父王は如何なる功徳を念仏三昧は持つかと問われた。

仏は答えられた。伊蘭林《いらんりん》が四十里四方に拡がっている。そのにおいくさくして近づきがたし。その華果を食うものは狂となって、遂《つい》に死する。その林の中に一科の牛頭栴檀《ごずせんだん》がわずかに根芽を発して漸々成長して大きくなると、その香気昌盛にして遂にこの林を改変して、悉く皆栴檀の林と変える。見るもの希有《けう》の思いをする、ということがある。伊蘭林に如何にして牛頭栴檀の根芽が生じたのであろうか。おそらくは伊蘭が自分のもっている毒をながめて泣いた熱い涙がおちて栴檀の根芽となったのでありましょう。念仏はちょうど

そのようなもので、伊蘭の如き衆生の三毒煩悩も、栴檀の如き念仏を申せば皆改変して大慈悲とすることができる、と答えられた。すると父の王はまた曰く、念仏がいかにして、一切の諸障を改変して香美ならしめることができるのかと。ここから『華厳経』の譬えが三つ引いてある。一つは獅子の琴、二つは獅子の乳、三つは翳身薬《えいしんやく》の三つの譬えである。

獅子の筋をもって琴の絃とする時、一度この琴を弾ずれば、他の琴の絃は皆断壊せらるるがごとく、念仏すれば一切の煩悩悪障は皆断ちきられると同じことである。

また牛羊驢馬の乳をしぼりて、一器の中に入れておく。その中に獅子の乳を一滴入るれば、その乳は皆悉く清水となる。念仏三昧すれば、一切の悪魔諸障とどこおることなくして一味となると同じことである。

また翳身薬（身をかくす薬）を、身体に塗ると悪鬼羅刹がこの人を見ることができぬと同じように、念仏すれば悪神諸障がこの人をじゃますることができぬと三つの譬えをあげて説明しておられる。

この三つの譬えも平凡に味わえば、断滅と一味とは矛盾します。しかしよく味わってみると、断ちきってしまったならば一味の必要はなく、一味なれば断滅の必要はありません。ここに大切な問題があるので、先に述べました放縦主義でもなく律法主義でもない、これが「ひるがえす」転の意をあらわそうとしてあるのであります。

また翳身薬も、その薬を塗れば悪魔鬼神も障りをなさぬといえば、念仏申せばもはや不幸も災難もないことになるかと受け取られるが、しかし念仏申しても不幸もあれば災難もある。しかし念仏申せば、その不幸にも災難にも、だまって随っていける。ここがやはり転の世界であります。それでこそ、悪魔鬼神も誘惑することができぬのであります。

次に『摩訶衍』（大乗経『大智度論』）の中に、過去、未来、現在三世の救いを説く。それが三昧中の王で、その三昧中の王がお念仏であることをあらわすのであります。たとえば、多貪のものは不浄観によって対治ができる。しかし貪欲《とんよく》を抑制すれば瞋恚《しんに》と変わる。瞋恚は慈悲観をもってすれば対治ができるが、あまりにも瞋恚を抑制すれば、愚痴《ぐち》と変わる。その愚痴は因縁観をもってすれば対治ができるが、またあまりにも愚痴を抑制すればまたまた貪欲と相を変える。いつまでたっても真実の救いは出てこないのであります。

私の親しい老婆がありました。老主人は大阪の実業界の大立物でありました。戦後の財界の大変動で無一物となった。それでいつも心がいらいらしておったのでありましょう。私に、主人は若い時は実に堪忍強い人でありましたが、このごろの主人は昔と変わってとても短気で、私はもう御機嫌をとっていくことができません。実家へ帰ろうと思いますとの述懐。七十の坂を越えて離縁しようとのこと。笑うこともできずして困ったことがあります。欲を抑えれば腹が立つ。腹立ちを辛抱すれば愚痴となる。愚痴を抑えると、また死に欲というものが出てくる。どうにも助からぬ人間でありましたとわかれば念仏申さずにはおられません。

お念仏申せば、どうにもならぬままに辛抱ができます。さすればお念仏こそ真に人間の救わるる三昧中の王であると説かれました。また今日は、現在の救いを説く教えでないと役立たぬということがますます強調せられます。しかし現在だけ救われたのでは、過去は全部無駄事となります。そうではなくて過去の無駄事と見えるようなことが無駄事でなくして、それが大きな御縁であった、それによって今日の喜びがあるんだといただけるような教えがあったら、それこそ過去も救われる真の教えでありましょう。

また現在さえ救われれば、未来の救いはいらぬという教えもあります。しかし人間は生と共に死をもっております。されば死後の救いもまたなければなりません。死後の救いは如何にして可能なのでありましょうか。

過去、未来、現在の三世に亘っての救いは中々見出せません。ただお念仏のみが、三世を救う教えであります。現在の人生は過去の業によるゆえに変えようとしても変えられません。その変えられぬ人生を凝視します時に、変えられぬと随順する時に、苦難の中よりも、ここで過去の業報を一つ果《は》たさせていただいたと思えば、変えられぬままに変わったものが一つ出てきます。その思いはやがて今生一生に過去の業報を全部さらしつくされる時が臨終一念《りんじゅういちねん》の夕《ゆうべ》にあるとわかります。それが未来の救わるる教えであります。この大きな教えは容易にわかることではなかったのに、それがわからしてもらったのは、過去の業が強くて迷いが深かったお蔭でわからしていただいたかと思えば、生きてよし、死んでよしの生死を解脱する大解放の救いが見出されるのであります。そこに三世に亘る救いとなることができるのであります。そういう世界を知らすものがお念仏であります。人間の真実の救いの道はこれより外にはありますまい。

それは豪貴富楽自在なるものも、貧窮下劣なるものも、生老病死を免るるものは一人もない。過去を恩恵と受け、現在の苦難をそのまま我が業報のあらわれと忍受し、この一生にすべての業苦も、すべての苦難も全部さらし尽くされて臨終一念の夕には、大般涅槃《だいはつねはん》を証る往生浄土の安住所があるといただく。生きてよし死んでよしとなるものが、人間の真実の救いであります。

それがわからねば、人間の迷いは永久になくならぬばかりでなく、苦難はいっそう大きくなって、そのため九十五種の迷信に入っていくより外に道がない。まことにこのことがわからなかったならば無眼人である。無耳人である。それならば大千世界に満てらん火をもわけて、その真実の法を求めようではないかと勧《すす》められたのが、道綽禅師御一代の御苦労でありました。

22　浅より深に進む他力信心

昨年当方へ参りました時に、真宗の話を長く聞いた人にも、今初めて聞く人にも、すぐわからしたいという考えから書かれた話が二つある、それは『拾遺古徳伝』の中にある耳四郎の話と、今一つは同じ聖教の中にある随蓮房《ずいれんぼう》の話であると申しました。

随蓮房は法然《ほうねん》上人常随昵近《じょうずいじっこん》の弟子で、上人配流《はいる》の時は四国の配所に供奉《ぐぶ》したということであります。上人御臨終にあたって随蓮房を枕辺近く呼びよせて、「念仏は義なきを義とす。平《ひら》に称名の行をもっぱらにせよ」と御遺訓なさいました。随蓮、禅命をかしこみて、ふたこころなくお念仏申しておりましたが、法然上人御往生三年の後のある日、御遺弟の人々申されるのに、念仏は申せども三心を具足せずば往生はかなうべからずと。随蓮これを聞いて、故上人の仰せには、念仏は義なきを義とす、ただ平に仏語を信じて念仏せよとすすめられて、三心のことは少しも仰せられなかった、と常日頃の自分の信相を述べますと、遺弟の人々、それはこころ愚かなるひとの為に仰せられたるだけであって、三心の必要なことは、『選択集』三心章にも念仏の行者必ず三心の具すべきことと明らかに明判を残しておられると言い負かされてみると、随蓮房ははたと困った。なるほどそうかも知れぬと一念の疑心を起こして、このことを誰かに問い聞かんと思いつつ、聞くこともできずして二、三ヵ月を過ごすうちに、心労かぎりなくつのって遂にはお念仏も申されぬようになりました。ここに随蓮房の思惟と孤独と絶望のすがたを見ます。これが先に述べました凝視と悲歎であります。

ある夜の夢に、法勝寺の西門に入ると、蓮華種々に咲き乱れていとも美しい西の廊下のかたえに歩みよれば、衆僧あまたならびて浄土の法門を談じておられる。

随蓮房、階を上りて見れば、三年前に往生なされし御師匠法然上人、北の座につき南に向いておられる。随蓮房御前にかしこまるに、上人の曰く、汝このごろ何か思いなやむことがあると見えると仰せありければ、上件の旨を申し上ぐるに、上人、人在ってあの池の蓮華は蓮華にあらず梅桜ぞと言えば、汝は梅桜と信ずるや。随蓮の曰く、現に蓮華でありますから他人がいかように申しても梅桜とは思いません。

法然上人の曰く、念仏の義もちょうどそれとおなじことで、源空が汝に教えしことは、蓮華を蓮華というたと同じことであるから、悪義、邪義の梅桜だとは夢々思うてはならん、と仰せられたかと思うと、随蓮房は夢がさめた。それで不思議の思いをなして、日頃の不審もはれて、めでたく往生の素懐を遂げたと記してあります。

この話の中で、随蓮房は初めに法然上人の教えを聞いて、ただ念仏とすなおに受けて喜んだが、お弟子の話を聞いて疑いを起こした。それが夢の中で、法然上人の教えを聞いて考えることをやめ、判断を中止して安心したように受け取られる。

しかし思惟と絶望と孤独とは高められたる人間の特権であるといわれている。その特権を捨てて痴呆となることが信仰なのであろうか。それでは信心の智慧とか智慧の念仏とかいう言葉は出てきません。ここによく考えてみねばならぬ点があると思います。

この随蓮房のすがたが、具体的に出てきたのが、『歎異抄』の第二章であります。『歎異抄』の第二章は、どんな方でも真宗の話をきくほどの人であったら周知のことであります。しかし、よく考えてみると、これほどわかりにくい章はありません。「ただ念仏して弥陀に助けられまいらすべし」という言葉の下から、「念仏は浄土にまいるたねか、地獄におつる業か知らぬ」とありますから非常に矛盾を感じます。肯定すぐ否定となっている。

関東の門弟も聖人御滞在中、ただ念仏せよの仰せをきいて安心していたのでありましょう。それが、聖人御帰洛後善鸞《ぜんらん》上人等の種々の異義が起こってきたことについて不審を起こして、ついに十余ヶ国の境を越えて身命をかえりみずして、京都を訪ね参ったのであります。随蓮房と同じ経路を辿っているのであります。

法然上人にしても親鸞聖人にしても、ただ念仏せよの仰せの中には「信」の中に「証」が籠っているのであります。それで、ただ念仏せよの仰せに安心ができるのであります。信中証の教えであります。それが、随蓮房にしても関東の門弟にしましても、遺弟や善鸞等の異義の人々の話を聞きましたことが根となって、今まで安心していた証の中に今度は自分で信を打ち立てようとしたのであります。この証の中に信を打ち立てようとするのが聖道門の教えであります。これは容易なことではない。そこには大きな不安も大きな驚きも出てくるのは当然であります。その証中に信を打ち立てようとすれば、念仏往生の道をこしらえあげて下さった仏の、智慧と慈悲と同様なものを、随蓮房も関東の同行も用意せねばなりません。そこに無理があった。またそこに言語を絶した苦悩があるのであります。これが後世《ごせ》の一大事といわれるものであります。

しかし、この難関を人間である以上は、ぜひとも通過せねばならぬのであります。修行の菩薩が第七地において沈空《ちんくう》の難《なん》を見出すというのもこれであります。これが先ほど申しました思惟と孤独と絶望の相、換言すればしばしば説きました凝視と悲歎であります。

これを捨てて安易に帰るのが、それが信心だと思いますが、そうではない。上来、思惟と孤独と絶望は高められたる人間の特権だと申しました。この特権を捨てたならば人間が動物に帰ることであります。動物に帰った痴呆の信心なれば、最後の随蓮房の喜びも『歎異抄』の上洛の門弟の代表たる唯円房の喜びも出てきません。この孤独と絶望と思惟の難関を突破するものは何であろうか。菩薩修行の七地沈空の難を越えさすものは、諸仏の加勧であるといわれております。二河白道《にがびゃくどう》における異学異見の群賊悪獣の難を突破するものは、招喚の声であると教えられました。

孤独と絶望、不安と困迷の真只中に、ただ念仏せよというよき人の仰せを聞けば、そこには何の不安も混迷もない大解放の世界が開けてくるのであります。それは、人間の思惟と孤独と絶望が、今一段と高次のものとなって人間の真実の機を知らせるのであります。すなわち先に述べた純粋主観を知らせるのであります。この機は教えによらずんば救われない、という純粋主観の法を身にしみて知らせるのであります。これによって念仏往生の道が浅より深に進展するのであります。この進展するということを忘れてはなりません。

この点が親鸞聖人が第十八願の中より、機において二十願を見出し、法において第十七願の諸仏の称名を見出されたのはこれであります。

ただ念仏せよの教えは、強く強く人間に響いてくるのであります。それは真実に救われざる機と、真実に救わねばならぬという法とが、一つにとけおうた一大調和の世界でありましす。それによって、第十八願がいよいよ明らかとなったのであります。

浅原才市翁が、

あさましいのもあなたでわかる
あなたなければわかりゃせぬ
の世界であり、またある時の歌に
私《わた》しや　おそろし私《わし》の心が三悪道で
私《わ》しのこころの三悪が　世界一面にひろがりて
この心よ　ひろがればひろがれ
散れば散れ
御開山は　御化導なさる
御苦労かけたは　このこころ
今は　はや親のこころよ
私《わし》のもやくや　親のもやくや

才市を救うて
南無阿弥陀仏に救われて
南無阿弥陀仏にやきつかれ
南無阿弥陀仏にのせられて
どれが機だやら法だやら
なんぼ見てもわかりやせぬ

と歌った心であります。『拾遺古徳伝』にある随蓮房の話は、『歎異抄』第二章にきたって真実を発揮することができたのであります。

（一）得たと思うな　得られぬ信と
聞いた言葉が胸にしむ
つらい御法《みのり》と捨てるぢやないぞ
弥陀の願いがそこにある
（二）救いなき身を救わんために
立てし願いが信となる

どうにもなれぬ我が身としれた
知れたところが親心

（三）得たと思うて　我が機を立てな
我が機立てれば親はない
得ぬと思うて　御親を仰げ
そこにいつでも　信はある

（四）親のこころのごとくにしれた
親の願いのごとくに願う
御親の願いが我が信となりや
私の信心　親の願《がん》

信《しん》は願《がん》より生ずれば
念仏成仏自然《じねん》なり
自然はすなわち報土なり
証大涅槃うたがわず

昭和四十年十二月十四日
熊本県荒尾市専行寺報恩講にて

23　念仏の中に摂まる仏と浄土

人間の持つ苦悩、それは如何にしても解決のつかぬ苦悩である時、経典に説かれてある憧憬の浄土は実にその人間にとって大きな救いであります。しかし人間は、この憧憬の浄土を聞く時に、いつしか人間の我執は取りまちがえて享楽《きょうらく》の世界と受け取るようになる。ここに浄土の実体観をもつようになるのであります。精神的なものが、物質的なものにすり変えられる。そのため、真実の浄土を見失うのであります。このこころをあらわそうとするのが光明寺の和尚、善導大師のおこころとして出てくるのであります。それで『文殊般若』を引いて、観仏より称名の方が易い。もっぱら御名《みな》を称すれば、相貌を観ぜざれども阿弥陀仏および一切の仏を見ることができるとあります。これ形式より心が大切であることをあらわすものであります。

また『観経』に座禅観念をするものは、須らく西方に向かえと説いてある。それは樹木のまさに倒れんとする時は、先端の傾いた方に倒れるが如きもので、仏の座したもう西方へ向かえば観が成就しやすいというので、必ずそうしなければならぬというのではなく、何かの障りで西に向くことができなかったならば、心に西に向く思いをすればよいと言われているのも、形式の問題ではなくて心の問題であることをあらわすのであります。

それならば、心さえできたならばよいというのであれば、なぜに西方に向かって弥陀一仏の名を称せよというのであるか。

それは諸仏の証りは平等是一であるが、しかしそこは因縁の浅い深いということがある。西方の阿弥陀仏は、もと深重の誓願をおこして光明名号をもって十方を摂化したもう。ただ信心をもって称名する、すなわち求念すれば、上は一形の念仏でも、下は一声の念仏でも、称えたものを助けるという誓願を起こされたのでありますから、念仏すれば仏願に相応し、仏語に随順するから往生を得やすし。これ如来の深い因縁に結ばれているのである。それで、釈迦及諸仏が西方に向かって念仏せよと教えられたのである。

次の、「念仏の衆生をみそなわして、摂取して捨てざるゆえに阿弥陀と名づく」の文は、『観経』の「光明偏照十方世界、念仏衆生摂取不捨」の文と、『小経』の「彼仏光明無量照十方国、無所障碍、是故号為阿弥陀」の文を一つにして述べられたものであります。

御名によるよりほかに凡夫の助かる道がない。それは人間自身が深重の罪悪をもつからであると、『往生礼讃』の二種深信の文を引かれたのである。

荒尾の石橋さんは炭坑職員として坑内に働かれたが定年以後はもっぱら聞法に終始せられた。亡くなられた年の始めに、友同行の所へ行かれての述懐に、朝夕のお内仏のお礼の時、家内は自分のうしろにちょっと座りすぐ立って台所の方へ行く。それが自分には何といっても腹が立つ。しかし考えると腹の立つ自分は家内より数等上の悪人であったとわかったと。

今年の正月の始めに、妻に対して今年も一年けんかして過ごそうぞと言った後に、女は罪が深いで十八願の外に三十五願を立てられた。それほど罪の深い女を対手《たいしゅ》とせなければ、人間の生活ができんという男は、何と罪の深いものであろうかと。

その石橋さんも亡くなられてから二年たちます。今そのことを取り出していまさらのように味わっているのであります。言いあてられた自分の相に頭が上がらぬ。石州の浅原才市同行が、「浅間しいのも　あなたでわかる　あなたなければ　わかりゃせぬ　南無阿弥陀仏南無阿弥陀仏」。

こんな凡夫でありますから、教えを聞いてもすぐ自分の身勝手に受け取る。それが、「衆生障り重く、境は細なり、心は粗なり、識あがり、神とびて、観成就しがたきによりてなり」といわれたのは、教法をほんとに受け取ることができんことをあらわされたのでありますそういう凡夫であることを見ぬいて、そのために凡夫のために真実、智慧、無為法身の清浄句を一法句の名号として与えんとするところに、如来の本願が立てられたのであります。

そのことをあらわさんとするのが第十八願加減の文であります。

若我成仏十方衆生　称我名号下至十声　若不生者不取正覚

第十八願の文に加えたのは称我名号で、減じたのは至心信楽欲生我国である。

それで、十八願は名号を称するものを生まれさせせんという本願で、ただ称うる一つとなったのであります。そのことにまちがいなきことを証明せられたのが護念経といわれる『阿弥陀経』の意であり、それなればこそ、一切善悪の凡夫の助かる増上縁《ぞうじょうえん》であります。それなれば大願業力の増上縁に違いありません。それで念仏を摂生増上縁といわれたのであります。

ゆえに「利剣は即ち是れ弥陀の号《みな》なり」ですべての業繋《ごうけ》をたちきるのであります。南無阿弥陀仏とは凡夫をどうでもこうでもたすけねばおかぬという如来の願いがかたまったのであります。

ゆえに南無阿弥陀仏の中に仏も浄土も皆摂まっている。それで浄土の実体観を離れている。ゆえに火の中をもわけても、この御名を聞こうではないかと結んでおられるのであります。

三界を迷いつくして今ぞ知る、御名によらずば救われぬ身を。

昨年の秋、三池四山鉱南の四山に登った時眼下の有明海を見て、

（一）月がでたでた月がでた
　　真如法性の月が出た
　　あんまり煩悩が深かいので
　　さぞや阿弥《の》陀《の》さん　つらかろう
（二）一《ひと》山ふたやままた三山
　　煩悩の底にはそこがある
　　底があるとて苦にやむな
　　弥陀の願いにや底がない
（三）四つ山にのぼれば虚空蔵
　　見渡すかぎりの有明に

しらぬ火ともした人がある
名前は言わぬが　なつかしい

（四）五つの不思議を説くからは
誰がつけたか　しらねども
胸にともった　信の火は
雨にも風にも消さしやせぬ

（五）六字の御名に具足する
親のこゝろをかみしめて
その日その日の日暮しを
つとめよはげめよ法《のり》の友

24 原始感情の浄化

善導の釈文を終わって、法照禅師以下の諸師の引文が引いてあります。そのうち、法照禅師の引文の中に有名な文句は、「この界に一人《いちにん》、仏のみなを念ずれば西方に一蓮あって生ず、ただし一生不退なれば、ひとつの華、この間《けん》に還り到って迎う」、という文であります。これも親鸞聖人にとっては、念仏の行人が正定聚に住するがゆえに必ず滅度に到るの証文として引用せられたことでありましょう。

またその次の方に山陰の慶文の『正信法門』が引いてあります。百八三昧中の首楞厳三《しゅりょうごんざん》昧《まい》を修すれば陰魔を発動する。『摩訶衍論（大乗起信論）』によって、三昧を修すれば外魔（天魔）を発動する。『摩訶止観』によると時魅を発動すというてある。禅定を修する人は、自分のもつ自力の心の中に魔を見る種子をもっておる。それでこれを撃発するものに会えば魔を発動するのである。

これは人間の原始感情の中にかくの如きものをもっておるのでありましょう。それで今日でも未開の原始人を見ればわかります。それでその魔の発動を見ればおのおの対治の法を用ゆればその魔を除遣することができる。しかしその三昧を修する行人が、我はすでに除遣し得たりと、聖の解をなせばまた魔障を蒙るとある。それで、三昧の修行が成就することがむずかしいが、念仏三昧に入ればそのような考えを起こす必要がなくなってくるので念仏三昧を修せよというのが、山陰の慶文法師の『正信法門』の意であります。

大体、『摩訶衍論』にしてもまた『摩訶止観』にしても『法華経』を中心とするものでありますが、この『法華経』は、諸法実相を説く立派な経典でありますが、その反面、非常に迷信に陥りやすいところをもっている経典であります。それで親鸞聖人は『法華経』の中より譬喩品の中の長者火宅の譬えを一度引用せられた[注1]だけで、外には何も引用しておられません。この譬喩品の引意は、会三帰一《えさんきいち》ということが大切であって、羊鹿牛の声聞《しょうもん》、縁覚《えんがく》、菩薩《ぼさつ》が一仏乗《いちぶつじょう》に入るとある。それが真宗の上においては、聞いて知っているという同行（声聞に当たる）、自分はすでに信心を得ておると驕慢になっている同行（縁覚に当たる）、そのどちらにも満足できぬ人（菩薩に当たる）、その三者がただ念仏すれば皆一つの世界にとけていく、それが誓願一仏乗で、『法華経』の会三帰一はこれをあらわすものであるとの証明が、長者火宅の譬えを引用せられた祖意であります。このことは行巻の後に出てきます追釈要義の一段の中に、一乗海の釈が出ておりますが、その中に祖聖は詳説しておられます。

注1　『教行信証』には引用されていないが、全体の文意に関係するため、あえて原著の表現をそのまま採用した。

25　地獄の教ゆるもの

第六祖源信《げんしん》和尚は『往生要集』に、厭離穢土欣求浄土《おんりえどごんぐじょうど》を説く。その初め、厭離穢土を説く中、地獄の苦相を説くことがもっとも詳説をきわめている。すなわち、八大地獄の中、第一等活地獄《とうかつじごく》は殺生《せっしょう》のものの落ちる地獄としてある。ここに殺生者の受ける苦相が種々説いてある。古代印度人の心に画いた世界である。それをそのまま釈尊が経典の中に説かれたのは、その罪の深い殺生をせねばならん人間をよく知らせて、人間は如何に罪深きものであるかを知らせて、懺悔《さんげ》の心を起こさせんと教えられたものでありましょう。

第二黒縄《こくじょう》地獄は、偸盗《ちゅうとう》のものの落ちる地獄で、盗むことの恐ろしさを説かれたものでありますが、その真意は盗むとは不与取ということであるとしてあるから、与えられざるものを盗むことが一番大きな罪の根元なれば、人間に知足安分ということを知らせんがためであります。

第三衆合《しゅうごう》地獄は、邪婬のものの落ちる地獄としてあります。婬欲を戒められたのであります。それもだんだんといただいていってみると、これは母性愛に気づけよとの釈尊の心からであろうと思います。

最後に阿鼻《あび》地獄、すなわち無間《むけん》地獄で、これは五逆謗法のものの落ちる地獄としてあります。これは一番重罪を犯したものとしてあります。この阿鼻地獄の苦を受け終わって証りの世界に入るとしてある。ここに大切な問題が残されているのであります。すなわち一番重い罪と知ったのは、重い罪を知らした光があるのであります。その光によって重い罪を知らせてもらったとわかると安んじてその重い罪の報いが受けていかれます。

その光こそは、弥陀の光明であったとわかれば、その重い罪を越えていく道があります。親鸞聖人においては、必要な地獄は、この無間地獄だけが大切なものであって他の地獄は必要なかったのであります。これが『歎異抄』に「地獄は一定すみかぞかし、弥陀の本願まことにおわしまさば」という言葉となったのであります。

地獄のかたちではなくて、地獄の心が必要であったのであります。地獄の心が真実身に沁みてくると、地獄の実体観は離れてしまいます。それで行巻においては、『往生要集』の引文の中、地獄のことについては一文も引いておられぬ。ただ必要なのは「極重悪人、無他方便、唯称弥陀、得生極楽」の文と、『大経』三輩の中、「一向専念無量寿仏」の文だけが必要であったのであります。これが後の「煩悩障眼雖不能見、大悲無倦常照我身」の言葉となってあらわれてくるのであります。ここにも必要なのは、凡夫の不実の機を知ることと、その不実を救う真実の法、南無阿弥陀仏のみであります。それで念仏の功は、瞻蔔《せんぷく》華《け》（黄色華）や波師迦華《はしかけ》の、千年薫じても波利質多樹《はりしったじゅ》（香遍樹）の一日薫じたものには、はるかに及ぶことができんように、諸善万行は遠く念仏に及ばざることをあらわすのであります。

また一斤《いっきん》の石汁（金色水）が千斤の銅を変じて金とするように、お念仏は全部の煩悩を変成することを示されたのであります。

『往生要集』十界の図を見て、
果てしなき業の旅路は遠けれど
　ただ朝夕に御名を称へよ
称うれば業もなやみもつつまれて
　おぼつかなくも今日も暮しつ
よしあしのこころをすてて弥陀たのめ

よしもあしきも　みなとけて行く

（昭和三十九年九月）

26　念仏為本

第七祖源空《げんくう》上人については、その著『選択集』の初めの標挙の「南無阿弥陀仏　往生之業念仏為本」の文と、終わりのところに出ておる三選択の文とが引用してあります。

この二文をもって『選択集』十六章全部引用の意をあらわされたものと思います。

27　縁起甚深の証りと不回向の行

釈尊の正覚は縁起甚深の法を証られたことであるといわれております。

縁起とは「よっておこる」ということであります。龍樹菩薩はしばしば、能所薪火の喩えをもって説いておられます。能が所となり、所が能となる。もちつもたれつの人生なれども、人間は偏執して能は能とし所は所として苦しむのである。

薪によって火起こり、火によって薪起こる、これが縁起であります。平易にいえば、鶏によって卵は生まれ、卵によって鶏は孵化したということで至極平凡なことであります。

しかし、その平凡なことが人間の分別智の世界に入ってくると、平凡に受け取られずして波瀾重畳の相を呈するに到るのであります。漫才でよくやります。一人が卵を生んだというと、一人がそうではない、卵から鶏が孵ったんだと主張して譲りません。終わりには叩き合いのけんかをしたという笑い話をよくしますが、しかし人間はいつもこういうことを繰り返して苦しんでおるのであります。

龍樹菩薩は、薪が先にあって火が後にあると考えることも、その反対に火が先にあって薪が後にあると考えることも、これは先住論というてまちがいであって、仏教ではないといわれるのであります。それは薪のない火を考え、火のない薪を燃やそうとするのでまちがった考えである。このまちがった考えを人間は敢えてしておる。人間とは人と人との間と書くから、自分がここに存在するのは他人のお蔭である。もし他人がなければ自分もないのに、人間は他人のことを考えずに自分だけを立てようとする。それで身勝手が出てくるのであります。そして身勝手な自分を考えずに他人に対するから、不足小言がたえぬのであります。そのため常に愛憎の心を起こし煩悩の火を燃やす。それでいつでも自是他非の心を起こして人世を苦界とするのであります。

先住論で躓いたから、それなれば薪と火といっしょに起こってくるとする相応論にすればどうかというに、いっしょに相応じておこればいよいよ対立するから必ずこれは闘争を起こす。ゆえに相応論も改廃せねばならぬ。これもまた仏教の考えではありません。

仏教の説くところは、火によって薪が起こり、薪によって火が起こるこの能所転換の縁起が仏教の真実の考えであると説かれるのであります。この縁起の法を証れば、いろいろの戯論は寂滅して空の世界が現出する。これが仏教の真の救いだと説くのであります。

経論には縁起の法を抽象的に説いてありますが、今これを具体化して考えてみましょう。薪を物質とし、火を精神とする。物質を先として重点をおき、精神を後として軽くみていきますと唯物論となって、共産主義の考えがそこから出てきます。

その反対に、精神を先として重点をおいて、物質を後として軽くみていきますと唯心論となって資本主義の考えがそこから出てきます。前者は闘争主義を取るようになるし、後者は征服主義を取るようになります。

もし、唯心論と唯物論とをいっしょにもち込んできますと、それは対立をいよいよ深めて混乱状態に陥るより外に道がありません。その相を今日ベトナム戦争において、目の当たり見るところであります。

しかれば、人間の真実の救いはどこにあるのでありましょうか。

唯物論の共産主義も唯心論の資本主義も共に大切なものを見失うていることに気づかねばなりません。すなわち我《われ》は正義なりと信ずる自信過剰の我執《がしゅう》が、迷いの根本であることを見つめねばなりません。自我の尊厳を唱説した西欧の近代思想が突き当たった大きな壁であります。迷いの根本である我執をほんとに我執として知るところに、その我執より離れる道があるに違いありません。それはその自我の我執を主張する、その考えを凝視するのであります。

四海兄弟といわるる人類相互の間に、我は正義なりという旗印の下に、なぜに他を排斥して自のみ打ち立てねばならんのであろうか。愛憎違順の果ては、生命の奪い合いまでせねばならぬのであろうか、これ、先に述べました先住論と相応論によって展開した対立と闘争の相であります。固執すべからざるものを固執するところに起こる破綻であります。

ここに人間の迷いの根本があったとわかれば、固執を離れて戯論は寂滅して争いは止むのであります。これ、仏教に説く無我の教えのみが人類の救いであることがわかるのであります。この無我の世界を空といいあらわすのであります。

この空の世界を、縁起を証った吉祥といわれるのであります。

しかし、この縁起甚深の世界に出るのは容易なことではありません。聖人の北嶺二十年の修道生活というも、この世界を知らんためでありました。「定水を凝すといえども、識浪しきりにうごき、心月を観ずといえども、妄雲猶覆う」とはこの消息を示すものであります。

この聖人の通られた道は、我等もやはり通らねばならぬ道であります。物質を先とし、精神を後にして忘れていた人間が、それでは済まされんと菩提心を起こして、心の糧《かて》を求めて聞法の手足を運ぶようになったのでありますが、しかし仏法は聴聞しても中々に安心安堵というところへは出られません。それは縁起甚深であるから人間の普通もっている分別智では了解できんのであります。そのためもう聴聞は止めにしてしまおうかという考えも起こってきます。これ精神を先とし物質を後にしてみたけれども、やはりおちつけない相であります。

それならば、物質と精神をいっしょにもちこんで、現世祈祷の宗教に走ろうかとも考えるようになるが、しかしこれは人間の貪欲を恣《ほしいまま》にする功利主義でこれもまたおちつけないのであります。

人間の常識で考えることは、これより先に出ることはできんのでありますが、これでは何としてもおちつけない。そのおちつけない心を見つめるのであります。そこに人間は、如何に救われがたきものか、如何に迷いの深きものなるかがわかるのであります。その迷いを迷いとほんとに知ったのが証りでありますから、迷いを迷いと知ったのは、迷いを照らした光があるのであります。その光こそは如来の光であります。その如来の光は、我等迷いの迷倒の心の底に入りて、苦楽を共にしたまいし法蔵菩薩の願心であったのでありま す。しかればこのどうもならぬと歎きし悲歎こそは、正しく法蔵菩薩の悲歎を目の当たり知らせていただいておったのであります。

ここに真妄交徹の相が出てくるのであります。我が歎くと思いしに、仏の歎きを知らせてもらっておるのかと思えば、勿体なさは身に沁むのであります。ここまできますと今までの苦悩はどこかに姿を消しております。そこには戯論は寂滅して、ただ虚空の如き広々とした空の世界があるのであります。それを凡夫の計らいを離れて、弥陀をたのめと教えられたのであります。その喜びが口に念仏として、あらわれるのであります。

ここを、「明かに知んぬ、凡聖自力の行にあらず、故に不回向の行と名づく。大小の聖人、重軽の悪人、皆同じく斉《ひと》しく、選択《せんじゃく》の大宝海に帰して、念仏成仏すべし」と讃歎し、その戯論寂滅の空の喜びを、「大悲の願船に乗じて、光明の広海に浮びぬれば、至徳の風は静かにして衆禍《しゅうか》の波は転ず」と称讃せられたのであります。

縁起甚深の理を証りたまいし仏陀世尊の己証は、かくのごとくして親鸞聖人に伝承せられ、それはまた今我等に一器瀉瓶のごとく伝えられるのであります。

昭和四十一年四月三十日

草木託随寺にて

28 名号は信心の父　光明は養育の母

昭和四十一年の春は、草木の御寺一ヶ寺だけの御縁と思っておりましたのが、計らずも倉永の吉祥寺と御当寺の御縁が結ばれて八日間の布教となったのでありますが、今回お話ししようと思っておりましたのは、行巻の終わりの方に出ております追釈要義と古来言われております一段で、他力釈と一乗海釈のところであります。この御意《おこころ》をお話ししたいと思いまして、南無阿弥陀仏が仏法の根本の教えである縁起というものの相で、それを明らかに示してくだされたものであるということを、繰り返し繰り返しお話ししたのであります。

ところが、この縁起ということが、中々にわかりにくいということを先ほどもお話しになった方がありましたが、お経というものは、ちょっといただいただけではわかりにくい点があるんでありあります。それでよくよく繰り返して、味わうということが大切でありまして、よくよく味おうてみますと、迷いに迷いを重ねているのが人間であるということを教えてくだされたのが縁起で、また迷いを迷いとほんとに知れば、そこに証《さと》りがある。「此《これ》あるによって彼《かれ》起こり、彼あるによって此起こる、此滅すれば彼滅す、彼滅すれば此滅す」ということが縁起の法であります。この心持ちが胸にいただけますと、戯論寂滅というて、いろいろのことを言う必要がなくなって広々とした世界になる。これを龍樹菩薩は空という言葉であらわされる。その空の世界が阿惟越致、すなわち初歓喜地で、その世界に念仏によって到ろうとすすめられたのが龍樹の易行品であります。それで初歓喜地は、どうして起こってくるかというと、縁起の相から起こってくる。

昨日も話しましたように、人間というものは、自分は善いと思っているのでありますが、しかし人間を煎じつめてみると、「自心貪㆓著する我身に㆒」というて自分のことばかり考えて、他人のことを考えないものだと知らされる。第一番目には「求㆓自楽㆒」というて、自分の気持ちのよいようにだけするものであり、第二番目には、「恭㆓敬し供㆔養する我身を㆒」というて、他人を敬い他人に供養するのならよいが、そうではなくて、自分が自分を自慢し、しかも自分の算盤勘定のよいようにだけしたい。そのためこれによって苦しみが起こってくる。すなわち人間のこの迷いによって、この人間のこの相《すがた》によって苦しみが起こってくる。これを縁起というのであります。これをしっかりとみつめていきますと、「人間というものは何とあさましいなあ」と、自分の真実の相がはっきりとわかりますから、そこに初めて謙虚といって「へりくだる」思いが起こってきます。

自分の気持ちのよいようにだけしたいという我心をはっきりみつめていきますと、我身のあさましさが知られて、他人の善悪をいうのではない、ただ少しでも自分一人はたしなんでいこうという自粛自誡の心が起こってきます。自己を尊大に構えて、しかも打算的であることに気づけば、すべての人は軽蔑すべきでなくて皆尊敬せねばならぬという敬う心が起こってきます。この「へりくだり」「たしなみ」「うやまう」心によって楽しみの証りが出てきます。

これが縁起であります。迷いの心によって苦しみが出て来、証りの心が出てくれば楽しい心が起こってきます。此によって彼起こる、これ縁起であります。縁起とはこういうことに摂まるのであります。このわかり易い道理がわからずに人間は苦しむのであります。この縁起がわかれば戯論は寂滅して、いろいろのことをいう必要がなくなってしまう。これを空の世界という。これを初歓喜地ともいうのであります。

これを、普段説教を聞いておいでになる言葉で申しますと、計らいを止めて弥陀をたのめという言葉となるのであります。

今日まで、あなた方が説教聞いて言葉を覚えて安心しようとなさったから、聞いた言葉にかき回されて、聞いても聞いても安心安堵の思いになれなかったでしょう。聞いている時はよいようだが、後に何も残らなかったでしょう。あの戯論寂滅の空という世界は出てこなかったでしょう。それは、言葉はわかっているが中身がついてこんのであります。これは聞いておいでになるあなた方ばかりではない。説教をしておる私がそうであります。それで説教しながら後味が悪い。あの後味の悪いのは、はっきりしておらんからであります。ところがね、こういう風に席を重ねて話をしていきますと、縁起の根本が仏から出ておるのでありますから、私のいろいろと思う分別計らいは、実は仏の心をじゃましておるんであります。その私がじゃますればするほど仏は私の心の中に入って、そのことが知らせたいと寝ても覚めても御心労してくだされてあったのであります。私の胸にもやもやとしておる、私のもやもやとしておる時は仏様もやっぱり私といっしょになって、もやもやしておってくださる。そういうことを通して、ついに仏の思召しのごとくに、私の胸に浮かぶのであります。それで今までの「ああだ」「こうだ」ということがいらぬようになって、何と広大だなあーという広々とした世界、それが、縁起のごとく証った空の世界、初歓喜地の世界がはっきりと味わえるのであります。味わえたままお話しいたしますと、あなたがたも広々とした虚空の如き世界が出てくる。それを押していきますから、弥陀同体の証りということをいわずにはおれぬのであります。
この八日間、毎日のように縁起について、どうしても思うように話せない。私もずいぶん辛かったが、聞いておいでになるあなたがたも定めて辛かったことであろうと思うのであります。
それが話しておる間に、仏の思われるようにしか思えないようになるのであります。仏の考えられるようにしか考えられぬようになるのであります。これが最後には、仏のお説きなさるようにしか説かれないようになるんであります。これが私の力ではなくして、如来の本願力のあらわれであります。それを親鸞聖人は行巻に、
本願力というは大菩薩、法身の中において常に三昧にあって、しかも種々の身、種々の神通、種々の説法を現じたもうことを示す。皆本願力によって起こるをもってなり。譬えば、阿修羅《あしゅら》の琴《きん》の鼓《こ》するもの無しといえども、しかも音曲自然《おんきょくじねん》なるが如し
といわれたのは、この点を示されたものであります。これが真宗の法というものであります。法を説くと、これを聞けば、安心せざるを得んのであります。
長生きをしたしょせんはここにあるのであります。今日まで生きていることができなか

ったならば、また聞いてくださるあなたがたがなかったならば、私も説くことができなかったであろう。それでそういうことを味あわずに死んだかもしれぬ。命は法の宝と、長生きさしていただいたしょせんが、ここにあるんであります。

仏の法は久遠劫来、今日今時に到るまで厳然としてあるのでありますけれども、この法によってお育てをいただかねばならぬのであります。この法のお育てをお経には光明としてあらわしてあるんであります。光明というと、ただぴかりとかがやくものとばかり考えるのでありますが、そうではないので、光明は智慧の相なりというて、その智慧の相である光明をいただくということは、仏の教えを聞かしていただいて、そして私の心の闇を晴らす。そのお育てを蒙っておるのが、光明の縁に遇うということであります。だから、法とお育ての二つによって、信心の業識《ごっしき》を生ずるといって、信心の子が生まれるのであります。

それで南無阿弥陀仏の法は、徳号の慈父というて、父親にたとえられる。お育てを蒙っておる光明は、母親におたとえなさった。父親の法があって、母親のお育ての縁があったお蔭で、信心の子が生まれたのであります。

信心をいただくといえば、何かむずかしいことのように思いますが、そうではなくて、助かる法というものは久遠劫来できていて、決まっているのでありますからして、母親のお育てをいただく縁に遇いさえすれば、必ず信心の子が生まれる。だからその法を法のごとく聞きさえすれば、虚空の如き広々とした心持ちが起こってきましょう。これが信心の子が生まれたんであります。

それでも信心がいただけんというのは、何か病気があるんですよ。病気がなかったら信心の子は必ず生まれるわけです。

するともうこれで信心いただいた、これで仕舞いと放っておこうとなさるが、放っておいたら子は育ちませんよ。その信心をまた育てるものがなければならぬ。もう産んだんだからと言うて放っておきますが、放っておいたらいつまでも生まれた子は小さい子で、しまいには日干しになりますよ。

やはり生まれた子を育てねばなりません。誰が育てますか。生まれた子どもは親が一人で育てるものでしょうか、二人で育てるものでしょうか。片親でも育たんことはないけれども立派に子どもを育てるには、両親《ふたおや》がかからにゃほんとに育たない。

それで、初めてお念仏申す心も、聴聞を重ねねばならぬ心も、はっきりとわかりましょうが、私が今、念仏申しておるのは、法の父親がつきそうて私を喚《よ》んでおってくださる証拠であります。今私が聴聞せねばおられぬ心の起こっているのは、光明の母親のお育てを蒙っている証拠であります。この光明と名号の因縁で私の信心はだんだんと生長していくのであります。

何にも知らぬ私に、仏のお心を知らせんがために仏が相を変えて、今あなたがたの相となって、「おまえの領解を述べてみよ」と私の前に座って下さったのでありましょう。そのためにこの横着な私が、仏の思われる通り、御開山の思わせられる通りに、思わせられるようになったのであります。そうするともはや「ああだ」「こうだ」という、凡夫の計らいや理屈は言えぬようになって、ただ広々とした世界、それをお経には空という言葉で顕わされたのであります。空といえば、何にもないからっぽと思いますが、そうではなくて、中身はいっぱいあるが、いっぱいありつつつかめない虚空の如き世界をあらわすために空という言葉をつかわれたのであります。親鸞聖人はこうした世界を、「妙土広大超数《ちょうしゅ》限《げん》、本願荘厳よりおこる、清浄大摂受《だいしょうじゅ》に、稽首《けいしゅ》帰命せしむべし」と讃嘆し、この世界に両手を合わせていこうではないかとすすめられたのであります。

「まことに知んぬ、徳号の慈父ましまさずば、能生の因かけなん。光明の悲母ましまさずば、所生の縁そむきなん。能所の因縁和合すといえども信心の業識にあらずば、光明土に到ることなし。真実信の業識、これすなわち内因とす。光明名の父母これすなわち、外縁とす。内外の因縁和合して報土の真身を得証す」と。

名号の父の因と光明の母の縁とによって、信心の子が生まれると、今度はその信心が因となって、光明と名号が縁となり、その信心の子はだんだんと生長して、遂に報土の真身を得るのであります。その信心を増上さすものは何か。それが、いつもうれしくなられぬ、ありがたくなられぬと不足小言もいうていた、あの煩悩が罪悪深重の自覚となって聞法せずにはおられんようにし、お念仏申さずにはおられんようにして、後念相続《ごねんそうぞく》となり、信心増上して、信心の子を発育生長さすのであります。これが、「不断煩悩得涅槃《ふだんぼんのうとくねはん》」であります。

無分別根本智は第六現前地において一応完成する。それが今度は第八不動地以上になると無分別後得智と変わる。それは一応完成した般若の智慧が、再び分別智の煩悩の世界に入りつつ、しかもその煩悩の分別智をどこまでも、般若波羅蜜化して、立派なものにして仏道を完成する。その相を光明名号の因縁の上において見出して、報土の真身を得証すると味わわれた聖人のお喜びは如何に大きいものであったかということが、今我等凡夫の上においても手に取るがごとく味わわれるのであります。

これで昨年十一月から十二月にかけて、お話し残しておりました『教行信証』の行のお心をほんとの管見でありましたが、味わわさせていただいたのであります。引き続いて、御静聴を得ましてありがとうございました。

昭和四十一年五月六日

大牟田延命寺において

あとがき

本書は、昭和四十一年に大牟田・荒尾両市の御寺院方が中心になって出版された『教行信証の道標』（刊行事務局・延命寺）を全面的に改訂したものである。当時、著者の藤谷秀道（小生の祖父）は滋賀県米原、兵庫県芦屋、福岡県大牟田、熊本県荒尾、その他各地で『教行信証』のお話（説教）を精力的に行っていた。

一般に『教行信証』の本と言えば、僧侶や研究者などを対象にした専門家向けのものが多いが、本書は、もともとがお説教をまとめたものであるから、その対象は一般門信徒であり、従って、一語一語を詳細に説明するといったことはしないで、結論だけを大胆に述べ、あとは喩え話などで理解させるといった手法が取られている。そのため、本書には専門用語や難解な箇所が結構あるのだが、その割には真宗が初めての人にも十分理解できるし、また大いに興味をもって読むことができるのである。

さて、本書の初めで祖父は、「矛盾せるものが、矛盾のまま、一大調和の響きを出して、おちつきの世界を現出せるもの、それが仏教の真髄で、それが浄土真宗で、それが言葉となったのが、南無阿弥陀仏であったと気付いたのであります」と語っている。

「矛盾するものが矛盾のままに一大調和する世界」、なんと素晴らしい世界だろう。その領解《りょうげ》は、祖父にとってこの上ない大きな感激であったに違いない。

思い返せば、祖父は長い布教から久しぶりに家に帰ってくると、夕食の席で、実に熱っぽく家族に布教の話をしたのである。幼な心にもよほど印象深かったとみえて、「差別即平等」の話や、川に自分の顔だけが浮かんでいたという夢の話はいまだによく覚えている。見ている自分が本当の自分か、見られている自分が本当の自分か。そんな話であった。阿頼耶識や末那識という言葉を知ったのもその頃のことである。今回、改訂作業をやりながら、そんなことを懐かしく思い出し、不思議な因縁を感じた。

祖父は晩年、『教行信証の道標』は自分としては大変よく書けた本であるが、残念ながら誤植が多いので、何とか直したいものだ、とよく語っていた。それが今回、このように新装改訂され、再び世に出ることになったことは、本人も大いに喜んでいることと思う。

祖父の『教行信証』に関する著作類は、

教巻・行巻……『教行信証の道標』（刊行会事務局・延命寺刊）
信巻………『教行信証の道標（信巻の部）』（佛光寺本山教学部刊）
証巻・真仏土巻………『近代の英智』（教育新潮社刊）
化身土巻……「化身土巻講讃」（『共命―特集号』共命社刊に掲載）
であり、化身土巻については、決して十分とは言い難いが、しかし、一応これで『教行信証』六巻すべてが完結していることになる。

右のうち、教行二巻を『教行信証の道標Ⅰ（教行の部）』として改訂・出版したのが本書である。今後、信巻を『教行信証の道標Ⅱ（信巻の部）』として、さらに化身土巻を『教行信証の道標Ⅲ（化身土の部）』として、それぞれ改訂発刊する予定である。

なお、今回の改訂に当たっては、できるだけ読みやすく分かりやすい本にすることを念頭に、次のような方針で、改訂作業を行った。

一、原文については、それが明らかに誤植、あるいは間違っていると判断されるもの以外は極力手を触れない。

二、原意に支障のない限り旧仮名遣いは現代仮名遣いに、旧体漢字は常用漢字に、「殆ど、此は、此の、然し」などの語は平仮名に直す。

三、句読点を訂正し（非常に多くの誤植）、中間点・傍点・改行を適宜行う。
四、原則として、本文中の引用文には括弧を、経典や著作類には二重括弧をつける。
五、専門用語や難解な漢字にはできる限りルビを振る（原文にはほとんどルビが振られていない）。
六、経典からの引文で漢文のまま記載されているものは、『浄土真宗聖典』（本願寺派刊）を参考に、支障のない限り読み下し文にする。
七、引用文は知られる限り原典と照合し、おかしいと思われるものは訂正する。
最後に、表紙の挿絵（見返り阿弥陀）は母藤谷美津枝のデッサンを使用させてもらった。
また、白馬社の西村社長には、この本は是非出版し、後世に残したいとのご意見を頂き、出版に至るまでの一切の労をとって頂いた。各々深くお礼申し上げる次第である。

平成十四年二月

如来寺住職　藤谷信道

藤谷秀道略歴

明治二十七年十一月十四日、島根県浜田市長浜の真宗佛光寺派妙誓寺の次男として誕生、幼名数千代、幼年期を門徒の乳母の家にて育てられる。

大正六年（二十三歳）、滋賀県米原の真宗佛光寺派明照寺へ婿養子として入寺、英尾と結婚、この時数千代を秀道に改名。

大正九年（二十六歳）、仏教大学（現・龍谷大学）本科卒業

大正十三年（三十歳）、四女高子生後十二日で死去

大正十四年（三十一歳）、一月、次男信了満十八歳で病死。八月、三女道子満四歳で病死

大正十四年五月（三十一歳）、明照寺住職就任

昭和二十五年（五十六歳）、芦屋如来寺住職を兼務

昭和三十七年（六十八歳）妻英尾死去

昭和三十九年（七十歳）、佛光寺派学階副講師授与

昭和五十六年（八十七歳）、佛光寺派学階講師（真宗佛光寺派学匠寮長）

昭和五十八年二月一日、交通事故にて死去、行年九十歳。法名「法顕院釋秀道」

著作

『教行信証の道標』（「教行信証の道標」刊行会）昭和四十一年（七十二歳）
『教行信証の道標　信巻の部』（本山佛光寺刊）昭和四十三年（七十四歳）
現代真宗名講話全集33『近代の英智』（教育新潮社刊）昭和四十八年（七十九歳）
『現代の英智と親鸞』（常光寺刊）昭和五十三年（八十四歳）
『草庵夜話』（常光寺刊）昭和五十五年（八十六歳）
『秋の聖者　祖聖親鸞』（常光寺刊）昭和五十六年（八十七歳）

その他

『共命—特集号』（昭和五十八年四月、編集発行江本忍）
『追懐　藤谷秀道講師—その教化と思想』（昭和五十八年十一月、追懐藤谷秀道講師刊行会代表佐々木英彰）
『親鸞に出遇った人びと』第五巻（平成元年三月同朋社出版）

教行信証の道標 Ⅰ（教行の部）

２００２年４月20日　初版発行

著　者――藤谷秀道
発行者――西村孝文
発行所――株式会社白馬社
京都市伏見区東奉行町一―三
☎０７５－６１１－７８５５
FAX ０７５－６０３－６７５２
印刷所――㈱シナノ

ISBN4-938651-37-8 C0015